KB216711

고령친화 주거단지

CCRC·UBRC

유선종 · 김세율

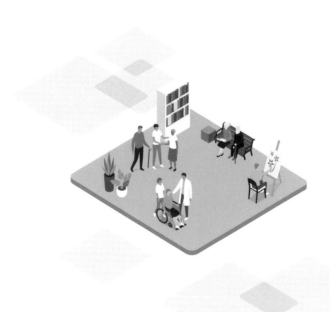

박영사

최근 '그랜드 제너레이션(Grand Generation)'이라는 용어가 대두되고 있다. 그랜드 제너레이션 세대는 역사상 가장 부유하고 활동적이면서 장수하는 은퇴 세대로, 기존의 '액티브 시니어'라는 명칭을 대체하는 용어로 일본에서부터 확산된 개념이다(서용구, 2024). 국내에서도 이들의 높은 소비력에 주목하고 있으며, 1차 베이비부머 세대(1955~1963년생)와 2차 베이비부머 세대(1964~1974년생)까지의 약 1,659만 명에 이르는 인구가 여기에 속한다.

그랜드 제너레이션 세대의 등장은 다양한 산업에서 그 특성을 파악하고, 소비의 주요 주체로 자리매김하려는 움직임과 연계되고 있다. 이러한 배경에는 고령인구의 급격한 증가라는 전례 없는 상황의 변화가 있다. 행정안전부 주민등록 인구통계에 따르면 2024년 7월 10일 기준 65세 이상 주민등록인구수가 1,000만 62명으로 집계되어, 우리나라는 본격적으로 '노인인구 천만 시대'에 접어들었다.

통계청의 '2023 고령자통계' 자료에 따르면, 고령인구 비중은 지속적으로 증가하여 2025년에는 20.6%로 초고령사회에 진입하고, 2035년에는 30%, 2050년에 40%를 넘어설 것으로 전망된다. 또한, 65세 이상인 고령자 가구 역시 꾸준히 늘어나 2023년에는 전체 가구의 25.1%(549만 1천 가구)를 차지했으며, 2039년에는 천만 가구를 돌파하고, 2050년에는 전체 가구의 절반인 49.8%에 이를 것으로 예상된다.

이처럼 고령인구와 고령자 가구의 급속한 증가는 주택시장에 지대한 영향을 미치게 되는 데 반해, 노인을 위한 서비스가 제공되는 주택의 공급은 턱없이 부족하다. 주택산업연구원에 따르면, 우리나라 60세 이상 노인인구와 노인가구는 각각 연평균 4.6%, 4.8%씩 증가하고 있으며, 노인인구 중 5.1%인 30만 명이 노인전용주택에 거주하기를 희망하는 것으로 조사되었다. 그러나 2023년 말 기준 확보된 노인전용주택은 총 3만 호로, 이는 전체 노인가구의 0.4%에 불과하다. 윤석열 정부의 2023~2027년 노인주택 공급 계획이 5천 호에 그치고 있고, 여당인 국민의힘은 2024년 2월 고령자복지주택을 2만 호까지 추가 공급하겠다고 발표하였으나 여전히 수요를 충족하기에는 크게 미치지 못하는 상황이다.

노인인구의 증가와 함께 다양한 요구가 늘어나면서, 이들의 주거 안정을 위한 실질적인 대책 마련이 시급해지고 있다. 고령자가 자신의 경제 상황, 건강 상태, 가족 구성, 취미와 여가 활동 등 다양한 조건에 맞는 주택을 선택할 수 있도록 보다 다양한 주거 유형 개발이 절실히 요구된다.

정부는 2024년 7월 '시니어 레지던스 활성화 방안'을 발표하며 시니어 레지던스 공급 확대에 대한 의지를 표명하였다. 미국에서는 CCRC(Continuing Care Retirement Community, 연속보호체계형 은퇴주거단지)라는 주거 유형이 널리 자리잡고 있다. CCRC는 은퇴한 노인들이 하나의 커뮤니티에서 생활하면서 노화 단계에 따라 이주할 필요 없이 지속적인 돌봄을 제공받을 수 있는 노인주거단지로, 미국에서는 2022년 기준 약 1,930개가 운영 중이다. 그러나 국내에는 CCRC의 시설 특성을 모두 갖춘 노인주거시설이 전무한 상황이다. 고령 친화적 주거 공간과 가사·건강·여가 서비스를 결합한 시니어 레지던스 수요가 증가하고 있는 만큼, 이러한 수요를 충족할 수 있는 주거 유형이 필요하다.

심각한 고령화 외에도 저출산 문제 역시 우리나라가 직면한 주요 위기 중 하나이다. 저출산의 심화로 인한 학령인구의 감소는 지방대학들의 미충원 문제로 이어지고, 이는 지방대학의 재정난을 심화시키고 있다. 특히 지방대학은 서울 소재 대학에 비해 신입생 충원율이 현저히 낮아 더 큰 어려움을 겪고 있다. 이러한 문제는 지방대학에 그치지 않고, 대학을 기반으로 하고 있는 지역에서는 기반산업이 붕괴되는 상황과 직결되어 지방소멸이라는 중대한 문제로 이어지게 된다. 이러한 상황에서 미국은 대학과 지역사회의 상생을 위해 UBRC (University Based Retirement Community, 대학연계형 은퇴주거단지)를 통해 신규시장을 개척하는 등 새로운 돌파구를 모색하고 있다.

UBRC는 CCRC에 교육적 요소를 더한 형태로, 대학과 연계하거나 대학 자체 개발을 통해 은퇴자들에게 평생교육 프로그램, 학습 및 연구 참여 기회를 제공하며, 대학 캠퍼스 시설과 서비스를 이용할 수 있도록 한다. 이를 통해 은퇴자들은 지적 호기심을 충족하고 삶에 활력을 더할 수 있게 된다. 학령인구가 감소하는 상황에서 지방대학들은 UBRC를 도입하여 캠퍼스 내의 잉여시설을 활용하고, 비효율적으로 운영되고 있는 교직원의 효율화를 도모할 수 있으며, 캠퍼스 인근의 고령인구를 신규 학습층으로 흡수함으로써 새로운 교육수요를 창출할 수 있게 된다.

CCRC, UBRC와 같은 고령 친화적 주거 모델은 저출산·고령화로 인한 문제를 해결하는 데 있어 우리나라의 고령자를 위한 주거환경에 새로운 대안이 될 수 있다. 이 책은 국내에 아직 낯선 CCRC와 UBRC의 개념을 심도 있게 다루며, 이를 국내에 적용할 수 있는 방안을 모색하는 데 중점을 두고 있다. 특히, 학령인구 감소로 위기에 처한 지방대학들이 늘어나는 고령인구를 새로운 수요층으로 활용하여 재정 위기를 극복하고 지역사회에 기여할 수 있는 UBRC 도입 방안을 제시하고 있다.

이 책은 공저자인 김세율 박사의 박사학위 논문을 기반으로 하고 있으며, 노인주거복지시설에 관심 있는 독자들의 눈높이에 맞추어서 내용을 가감하였다. 따라서 이 책은 고령친화적 주거 모델 중, 연속보호체계형 은퇴주거단지와 대학연계형 은퇴주거단지에 대한 유형의 특징과 구체적인 사례들을 담고 있어, 국내 상황에 맞게 적용할 수 있는 다양한 가능성을 탐구할 기회를 제공한다.

CHAPTER 1과 CHAPTER 2에서는 CCRC와 UBRC를 심도 있게 분석하고, CHAPTER 3에서는 고령친화대학(AFU) 개념을 통해 대학, 노인, 지역사회의 상생에 대해 고찰하였다. CHAPTER 4에서는 일본형 CCRC와 UBRC에 대해 살펴보고, 마지막 CHAPTER 5에서는 국내 지방대학을 대상으로 UBRC 도입이 가능한 대학 캠퍼스들을 분석하고, 그 필요성과 효과를 논의하였다. 이를 위해 미국과 일본, 국내의 다양한 문헌을 참고하였으며, 관련 기관 및 업체에 대한 인터뷰 조사를 통해 기술하였다.

이 책이 출간될 수 있도록 흔쾌히 수락해 주신 박영사의 노현 이사와 전채린 차장을 비롯하여, 집필 과정에서 따뜻한 응원과 격려를 보내준 가족에게 감사를 드린다. 또한, 건국대 부동산대학원의 소중한 인연이자 든든한 아군인 강진구 대표, 김나성 감정평가사, 김창영 대표, 조태환 대표에게도 감사의 마음을 전한다. 이 책이 완성될 수 있도록 아낌없이 도와주신 모든 분들께 다시 한번 깊은 감사의 인사를 드린다.

Soli Deo Gloria!

2025년 3월

건국대학교 해봉부동산학관 연구실에서 유선종 · 김세율 드림

목 차
CONTENTS

CHAPTER 1
연속보호체계형 은퇴주거단지

CHAPTER **2**
대학연계형 은퇴주거단지

CHAPTER 3
고령친화대학

CHAPTER 4
일본형 CCRC

CHAPTER **5**

UBRC 도입 가능 캠퍼스 고찰

연속보호체계형 은퇴주거단지

CCRC, Continuing Care Retirement Community

CCRC는 'Continuing Care Retirement Community'의 약자로, 지속적인 돌봄을 제공하는 은퇴 커뮤니티를 의미한다. 즉, '연속보호체계형 은퇴주거단지'인 CCRC는 고령자의 주거와 돌봄의 니즈를 종합적으로 해결해 주는 주거단지로, 다양한 생활 공간과 의료복지를 제공하는 커뮤니티시설이다.

미국 은퇴자협회(American Association of Retired Persons, AARP)에서는 CCRC를 라이프 플랜 커뮤니티(Life Plan Community, LPC)라고도 부르며, 노인들이 노화 과정의 여러 단계를 거쳐도 같은 장소에 계속 살 수 있는 '장기 돌봄 옵션'이라고 정의하고 있다.

CCRC는 55세 이상의 중·고령자가 은퇴한 이후에 입주하는 대규모 집합주택의 계획주거 시설로, 입주자들의 필요 사항과 건강 상태에 따라 다양한 주거 형태와 돌봄 수준을 제공한다. 독립적인 생활이 가능한 고령자가 건강한 상태에서 이 시설로 입주하여 생활하다가, 같은 커뮤니티 내에서 건강 상태의 변화에 따라 거주 조건을 변경하여 적절한 돌봄을 받으며 계속 살 수 있도록 고안된 곳이다.

이 CCRC는 거주자의 신체적·정신적 건강 상태를 고려하여 다음과 같은 네 가지 주요 형태의 생활(돌봄) 단계를 제공한다.

● 생활(돌봄) 단계

독립생활 주거 (Independent Living)	비교적 건강이 양호하고 독립적인 생활이 가능한 거주자들을 위한 주거환경
생활보조 주거 (Assisted Living)	옷 입기, 샤워하기, 식사 도움, 약물 관리 등과 같은 일상생활에서 약간의 도움을 필요로 하는 거주자들을 위한 시설
간호 서비스 주거 (Skilled Nursing Home)	24시간 간호와 돌봄이 필요한 거주자들에게 제공되는 주거 형태로, 일시적으로 아프거나, 재활 또는 기타 치료를 위해 수술 후 병원에서 복귀하거나, 장기간(임종까지) 매일 간호가 필요한 거주자들을 위한 시설
치매 관리 (Memory Care)	인지적 한계로 인해 독립적으로 생활하는 것이 더 이상 안전하지 않은 거주자들을 위한 곳

이처럼 CCRC는 네 가지 주요 돌봄 단계를 한 단지 내에 계획하고 조성하여 '연속보호'라는 돌봄 체계를 갖추고 있으며, 각 유형에 맞는 돌봄 서비스를 연속적으로 제공하는 곳은 CCRC가 유일하다.

CCRC의 형성 배경[1]은 고령자 돌봄에 대한 공공 및 민간 차원의 발전 과정에서 비롯되었다. CCRC의 개념은 영국, 독일, 스칸디나비아 국가들의 사회 프로그램에서 유래되었으며, 중세 유럽의 길드와 상호부조 협회 같은 사회적 제도에서 그 뿌리를 찾을 수 있다. 자립적인 사람들이 노화, 사망, 부상 등에 대비해 상호부조 협회를 조직하여 스스로를 보호하려는 시도가 이 개념의 전신으로, 18~19세기 동안 미국으로 전파되면서 이민자들이 상호부조 협회와 복지 연합을 조직하여 고령자를 위한 주거 시설을 만들게 되었다.

1920~1930년대에는 대부분의 고령자 주택이 종교 단체와 민간 기관에 의해 운영되었다. 대공황 당시에 많은 사람들이 저축을 잃고 경제적 어려움에 처하면서 고령자 돌봄에 대한 필요성이 크게 증가하였다. 당시 주거 시설들은 입주자의 자산을 대가로 평생 돌봄을 제공하는 형태였으며, 대표적인 예로 1915년 캘리포니아주 클레어몬트(Claremont, California)에 설립된 Pilgrim Place와 1925년 플로리다주 페니 팜즈 (Penney Farms, Florida)에 설립된 Penney Retirement Community 가 있다.

본격적인 CCRC 개념은 20세기 중반부터 발전하기 시작하였다. 퇴직 공무원, 재향군인, 산업 근로자들을 위한 연금 제도가 확장되면

---

1) Pension Research Council. (1984). Continuing Care Retirement Communities: An Empirical, Financial, and Legal Analysis.

서, 이러한 주거 커뮤니티는 안정적인 기반 위에서 성장할 수 있었다. 특히, 1940~1960년대 종교 단체의 회원 수가 급증하면서 많은 종교 단체가 고령자들을 위한 주거 커뮤니티를 활발히 운영하게 되었다. 이 시기에 오리건주 감리교 연합회(United Methodists in Oregon)에서 후원한 포틀랜드(Portland, Oregon)의 Willamette View Manor와 성공회(Episcopal Church), 장로교(Presbyterian Church), 감리교(Methodist Church)가 공동으로 후원한 메드퍼드(Medford, Oregon)의 Rogue Valley Manor 같은 여러 CCRC가 설립되었다.

미국 연방정부 역시 1959년 제정된 국립주택법(National Housing Act)을 통해 고령자 주거 개발을 지원하는 모기지 보험 프로그램을 도입함으로써 CCRC의 성장을 촉진시켰다. 이 프로그램은 1960년대 다수의 CCRC 건설을 가능하게 하였는데, CCRC 거주자들에게 더 많은 서비스를 제공하기 위해 구조적인 효율성과 규모의 경제를 갖춘 형태로 개발되었다. 기존에 운영된 CCRC에서는 주로 건강한 노인들이 일상생활을 독립적으로 할 수 있는 공간은 제공하였으나 의료서비스는 거의 제공하지 않았다. 이로 인해 의료서비스 또는 기타 편의 서비스에 니즈가 있는 노인들의 시설 이주 현상이 발생하였고, 이 문제를 해결하기 위해 CCRC는 한 단지 내에서 주거 공간뿐만 아니라 건강관리와 돌봄 서비스를 함께 제공하는 형태로 발전하였다(김세율, 2023).

1960년대에 노인인구가 증가함에 따라 CCRC도 함께 성장하였고, 1990년대 이후 펜실베이니아, 캘리포니아, 플로리다, 뉴저지, 버지니아와 등 미국 전역으로 확장되었다. 그 이후로 미국의 CCRC 수는 꾸준히 증가하여 1970~1980년 초반까지 약 1,200개의 CCRC에 약 35만 명이 입주해 있었다(임형빈·차정우, 2020). 미국 특수 투자은행인 지글러(Ziegler)의 2022년 보고서에 의하면, 2022년 현재 미국 전역에 약 1,930개의 CCRC가 운영 중이고, 약 60만 명이 거주하고 있다. 이 중 약 75%는 비영리 단체(Non-Profit Organization)에서 운영하고 있으며, 종교 재단이 많다.[2]

2) Kreidler, M. (2022). Continuing Care Retirement Community (CCRC) study. Assessment of state and federal CCRC authorities.

1.3 CCRC의 시설 특성

CCRC는 노인들의 삶의 질을 향상시키는 것을 목표로, 다음과 같은 특성을 갖고 있다(곽인숙, 2001; 조수지, 2014; 김세율, 2023).

● 다양한 주거 옵션 제공

CCRC는 여러 가지 주거 형태를 제공하여 노인들이 자신의 상황에 맞는 옵션을 선택할 수 있다. 독립생활 주거(Independent Living)는 자립적인 생활을 할 수 있는 노인들을 위한 공간으로, 취향에 맞는 실내 공간과 다양한 평면도를 고를 수 있고 필요할 때 최소한의 도움을 받을 수 있다.

경미한 노인성 질환이 있거나 신체적 불편함이 있어 일상적인 활동(식사, 목욕, 약 먹기, 옷 갈아입기 등)에 도움이 필요한 노인들은 생활보조 주거(Assisted Living)를 선택할 수 있다. 생활보조 주거에서는 기본적인 의료 및 약물 관리 서비스 등이 제공된다.

간호 서비스 주거(Skilled Nursing Home)는 24시간 간호와 지속적인 관리 및 서비스가 필요한 노인들이 선택할 수 있는 주거 형태로, 의료진과 전문 간호사가 24시간 상주하고 중증 환자나 재활이 필요한 노인들은 집중적인 치료를 받을 수 있다.

이처럼 CCRC 내에 다양한 주거 옵션이 존재하는 점은 신체 변화 및 건강 상태에 따라 주거 유형을 변화시키면서 양질의 의료서비스를 받을 수 있기 때문에 정서적 안정감을 느낄 수 있는 요소가 된다. 또한, 같은 단지 내에서 지속적으로 거주할 수 있는 환경 제공을 통해 노인들은 거주환경의 이동으로 인한 심리적 부담감을 최소화할 수 있다.

● 의료서비스 존재

CCRC에는 일반적으로 일상생활 지원, 약물 관리, 물리 치료, 전문 간호, 재활, 호스피스 등 다양한 의료서비스가 있다. 일부 CCRC는 치매 관리인 메모리 케어(Memory care)를 제공하여 치매나 알츠하이머 환자들은 안전하면서도 보호된 환경에서 생활이 가능하다. 또한, 인지 기능을 유지하는 특수 프로그램 및 활동을 통해 생활의 질을 향상시킬 수 있다.

● 높은 수준의 서비스 제공

CCRC는 다른 시설에 비해 더 높은 수준의 서비스를 제공한다. 커뮤니티 센터(Community Center)에서는 전문적이고 체계적인 프로그램을 개발하여 거주자들에게 제공한다. 운동시설, 실내 수영장, 물리치료 공간, 골프 코스, 비즈니스 센터, 건강 식단관리 등의 서비스를 통해 거주자들의 다양한 요구를 충족시킨다. 거주자들이 지역사회에 지속적으로 참여하면서 활동할 수 있도록 사교모임, 레크리에이션, 웰빙 활동을 제공하고 있다. 운동 공간, 의료 공간, 여가 공간, 기타 편의시설 등이 한 단지 내 또는 같은 건물 내에 있어 이용이 편리하다.

거주 공간과 공용공간의 구분된 역할

CCRC는 개인 주거 공간과 공용공간의 역할이 명확하게 구분된다. 개인 영역인 거주 공간은 독립적이고 사적인 공간으로 거주자들의 사생활을 보호하고, 공용공간에서는 노인들의 사회생활을 적극적으로 유도하면서 상호 교류를 할 수 있는 환경이 제공된다. 각종 동아리나 동호회 활동, 취미생활을 할 수 있는 공간이 마련되어 있어 거주자들 간의 자연스러운 교류를 유도하여 네트워크를 형성하고 친목을 도모할 수 있도록 한다.

이 외에도, 주간 보호 센터(Adult Day Care Center)가 있다. 주간 보호 센터에서는 낮 시간 동안 가족의 보호를 받기 어렵거나 일시적 보호가 필요한 노인들에게 돌봄과 활동을 제공한다. 주간 시간에 가족들이 직장에 있거나 개인적 용무를 보는 동안 노인들은 안전한 환경에서 다양한 교육 프로그램과 활동에 참여할 수 있다. 이를 통해 인지 기능을 유지하면서 신체적·정신적 활력을 증진시킬 수 있다.

CCRC 특성을 반영한 CCRC 개념도와 CCRC 내 주요 시설별 개념 및 제공 서비스는 다음과 같다.

● CCRC 개념도

●● CCRC 내 주요 시설별 개념 및 서비스

주요 시설	개념	서비스
독립생활 주거 (Independent Living)	단독 취사나 독립적으로 삶을 영위해 나가는 데 지장이 없는 노인들이 생활하는 곳	• 집 안 청소, 이동 수단, 사회활동 등 제공 • 일상생활 활동(Activities of Daily Living, ADLs) 장애 관련 도움(목욕, 옷 입기, 식사 도움, 용변 등) 미제공
생활보조 주거 (Assisted Living)	노인들의 건강과 일상생활 보호 및 보조하는 시설로, 독립생활 주거와 간호 서비스 주거의 중간 단계 유형	• 독립생활 주거와 동일한 서비스 제공 • 추가로 ADLs 도움이 필요하거나 독립생활이 힘든 거주자에 대한 돌봄 제공 • 부분적 의료 또는 간호 서비스 제공
간호 서비스 주거 (Skilled Nursing Home)	24시간 간호와 돌봄이 필요한 고령층에게 제공되는 주거 형태 (치매 관리인 메모리 케어 포함)	• 생활보조 주거에서 제공하는 동일 서비스 제공 • 24시간 간호 (지속적 의료 행위)
주간 보호 센터 (Adult Day Care Center)	돌봄이 필요한 고령층이 시설로 방문하여 정해진 시간 동안 서비스 이용	• 건강관리 및 치료 • 사회적 활동 제공
커뮤니티 센터 (Community Center)	사회적 교류나 친목 도모가 이루어지는 공간이면서 개인 여가 활동이 가능한 장소	• 다양한 프로그램 존재 • 노인들의 건강과 복지 증진

출처: 김세율(2023). 노인주거단지의 특성 연구: CCRC와 UBRC의 개념을 중심으로. 건국대학교 박사학위논문.

CCRC의 비용[3]은 크게 입주비와 월 생활비로 나뉜다.

● 입주비(Entrance Fee)

입주비는 CCRC에 입주하여 독립된 공간에서 살고, 장기 요양을 포함한 모든 서비스를 이용할 수 있는 일회성 선불 요금이다. 최신 시설일수록 입주비가 두 배까지 높아질 수 있으며, CCRC의 위치, 주거 공간의 크기와 편의시설 종류, 계약 유형 등에 따라 금액이 달라진다. 2022년 기준으로 CCRC의 전미(全美) 평균 입주비는 약 $400,000이고, 최소 $40,000에서 최대 $2,000,000까지 다양하다.[4]

입주비 환불 계약(Refund Plan)[5]은 다음과 같다.

---

3) CANHR. (2021). Continuing Care Retirement Communities in California.

4) AARP. (2022, January 27). How Continuing Care Retirement Communities Work. AARP®.

5) North Carolina Department of Insurance. (2023). CCRC Reference Guide and Listing.

전액 환불 (Full Refund)	• 전액 환불은 드물지만 가끔 제공됨 • 환불 시 고정 비용이 공제될 수 있고, 계약서에 환불 가능 조건과 기간 명시 • 부분 환불이나 감소 환불 방식보다 더 비싼 경우가 많음
부분 환불 (Partial Refund)	• 특정 비율의 환불을 보장하는 방식 • 계약서에 90% 또는 50%의 환불을 보장한다고 명시될 수 있으며, 입주 자의 사망이나 계약 종료 시 환불이 이루어짐
감소 환불 (Declining Refund)	• 일정 기간 동안 입주비가 점차 감소하며 환불되는 방식 • 매월 1%씩 환불 비율이 감소하는 경우 12개월 후에는 88%의 입주비 가 환불될 수 있음
환불 불가 (No Refund)	• 환불이 제공되지 않음

● 월 생활비(Monthly Service Fee)

　월 생활비는 독립생활 주거의 경우 주거 공간의 크기, 거주 인원, 제공되는 서비스와 편의시설 이용 여부 등에 따라 월 $3,000에서 $6,000 이상이 들 수 있으며, 더 높은 수준의 돌봄을 받는 경우 $5,000에서 $10,000 이상까지 비용이 올라갈 수 있다. 부부의 경우, 한 명은 독립생활을 하고 다른 한 명은 간호 요양 등 더 높은 수준의 돌봄을 받는 경우 매우 높은 월 생활비가 발생할 수 있다.

CCRC에는 다음과 같이 세 가지 주요 계약 유형이 있다.[6] 모든 계약 유형은 연속적 돌봄에 대한 접근을 제공하나, 생애 돌봄 계약 (Life Care Contract)만이 거주자의 자금이 부족해지더라도 합의된 요금으로 평생 돌봄을 보장한다.

● CCRC 계약 유형

계약		내용
A 타입	생애 돌봄 계약 (Life Care Contract)	• 모든 돌봄 수준에 대해 표준 월 요금이 정해져 있으며, 월 생활비는 연간 한 번 인상될 수 있고 그 외 추가적인 요금 인상은 없음 • 거주자가 자금이 부족해지더라도 평생 돌봄 보장 • 돌봄 서비스에는 기본 및 급성 치료, 더 높은 수준의 돌봄(생활보조 및 너싱홈)이 포함 • 가장 금액대가 비싼 옵션으로 높은 입주비가 요구됨 • 이 계약은 합의된 요금으로, 미래 위험을 CCRC 제공자에게 전가하는 방식이며 가장 높은 보안을 제공
B 타입	수정 계약 (Modified Contract)	• 입주비와 월 생활비가 있으며, 더 높은 수준의 돌봄은 할인된 요금으로 제공하거나 일정 기간 제공 후 시장 요금이 적용되는 방식 • 입주비의 전액, 부분, 또는 비례 환불 옵션이 있음 • A 타입 계약에 비해 입주비와 월 생활비가 저렴하나, 거주자가 미래 돌봄 비용의 위험을 CCRC 제공자와 분담
C 타입	서비스 이용 요금 계약 (Fee-for-Service Contract)	• 입주비와 월 생활비가 있으며, 더 높은 수준의 돌봄에 접근할 수 있는 보장을 제공 • 입주비의 전액, 부분, 또는 비례 환불 옵션이 있음 • CCRC 계약을 맺지 않은 거주자(non-CCRC contract resident)에 비해 월 생활비의 일부 할인 가능 • 더 높은 수준의 돌봄에 대해 시장 요금으로 직접 비용 지불하며, 미래의 돌봄 비용에 대한 위험을 거주자가 직접 부담

6) CANHR. (2021). Continuing Care Retirement Communities in California.

1.6 CCRC의 장점

미국의 NaCCRA(National Continuing Care Residents Association) 에 따르면, CCRC에 사는 장점은 공동생활을 통해 많은 행복을 느끼고, 새로운 친구를 사귀며, 다양한 사회 및 문화 활동을 경험할 수 있다는 점이다. 또한, 우수한 건강관리와 함께 안정감과 마음의 평화를 얻을 수 있다고 설명하고 있다.

● 연속적인 돌봄 제공

CCRC는 한 단지 내에서 다양한 주거 옵션을 제공하기 때문에, 거주자들은 건강 상태가 변하더라도 독립생활 주거에서 같은 단지 안에 있는 생활보조 주거나 간호 서비스 주거로 이동이 가능하여 연속적인 돌봄을 받을 수 있다. 덕분에 거주자들은 자신이 살던 익숙한 환경과 주변 사람들 속에서 관계를 유지하면서 필요한 돌봄 서비스를 받고, 환경 변화로 인한 스트레스도 최소화할 수 있다.

● 유지관리가 필요 없는 라이프스타일 제공

CCRC를 선택하면 주택 관리나 잡일에 시간을 투자하는 것 대신에 자신이 좋아하고 즐길 수 있는 일에 더 많은 시간과 자유를 쓸 수 있다. 이는 CCRC가 거주자들의 생활에 필요한 많은 것들을 갖추고 있기 때문이다. 공통적으로 컨시어지, 24시간 보안, 발렛파킹, 이동을 위한 교통수단, 하우스키핑, 조경·잔디 관리, 집 수리 등의 서비스가 제공되고, 레스토랑, 은행, 컴퓨터/복사 센터, 편의점, 도서관, 종교 시설(예배 장소 등), 택배실, 수영장, 헬스장, 미용실(이발소), 마사지 등과 같은 편의시설도 갖추어져 있어 생활이 매우 편리하다. 개인 주거 공간에는 에어컨, 세탁기, 건조기 등도 기본으로 제공된다.

🔘 공동생활 속에서 사회적 상호작용 증대

CCRC에서는 공통 관심사를 가진 사람들과 어울리며 다양한 사회적 활동을 즐길 수 있다. 야유회, 동호회, 당일 여행 등 다양한 활동이 있으며, 함께 식사하거나 커피를 마시며 교류할 기회도 많다. 언제나 친구들이 곁에 있어 외로움을 덜 느끼며, 개인의 독립적 생활을 유지하면서도 공동체 의식을 느낄 수 있다.

🔘 건강과 전인적(全人的) 웰빙(well-being) 추구

CCRC는 피트니스 센터와 수중 운동 시설, 그룹 운동 강습 등 거주자의 건강과 활동성을 유지하는 데 도움이 되는 편의시설을 제공하고 있다. 또한, 건강에 이슈가 생겼을 때 정기적인 검사와 급성 치료가 필요한 경우 현장 건강 진료소를 이용할 수 있는 환경을 갖추고 있다. 더 나아가, 거주자들의 지적 호기심과 정서적 안정, 취미 활동, 자원봉사, 사회적 참여를 장려하는 다양한 프로그램과 기회를 제공함으로써, 육체적·정서적·정신적 측면에서 균형 잡힌 웰빙을 누릴 수 있는 전인적 삶을 지원한다.

1.7 CCRC 선택 시 고려사항

CCRC는 거주자들이 독립적인 생활부터 요양 보호에 이르기까지 연속적인 케어를 받을 수 있는 시설로 인기가 높지만, 몇 가지 고려해야 할 점이 있다.

● 높은 초기 입주비

CCRC의 가장 큰 진입장벽 중 하나로 높은 초기 입주비가 있다. 입주비는 CCRC에 가입하고 독립적인 공간을 점유하면서 CCRC 내의 모든 서비스를 이용할 수 있는 권리에 대한 일회적인 선불요금이다. 입주비 금액은 시설이 최신식일수록 높아지며, CCRC의 위치, 독립 주거 공간의 규모 및 편의시설 종류, 계약 유형 등에 따라 영향을 미친다.

● 계속적으로 들어가는 월 생활비

입주비 외에 거주자들은 생활공간 사용과 편의시설 이용에 따른 월 생활비를 지불한다. 한 배우자가 독립적인 생활을 하고 다른 배우자가 너싱홈과 같은 더 높은 수준의 케어(돌봄) 서비스를 받는 경우 부부는 합산하여 높은 월 생활비를 내는 상황을 맞이할 수 있어 재정적 상태에 따른 고려가 필요하다.

● 복잡한 계약 조건

CCRC에는 다양한 유형의 계약 조건이 있어 계약마다 제공되는 서비스와 보장 내용이 다르다. 계약 조건을 명확히 이해하지 못한 채 계약을 할 경우 추후 예상치 못한 추가 비용이나 서비스 제한 등 어려움에 직면할 수 있다. 계약 체결 전에 충분한 시간과 노력을 들여 계약 내용을 검토하는 것이 중요하다.

● 다른 곳으로의 이주 제약

CCRC에 입주한 후 CCRC를 벗어나 다른 시설로 이동하는 것이 매우 어렵고 많은 비용이 소요될 수 있다. 입주자가 다른 지역으로 이사를 원할 경우 초기에 낸 입주비의 일부를 돌려받지 못할 수 있어 재정적 손실로 이어진다. 이런 상황은 건강 상태가 급변하거나 다른 가족과 더 가까이 살고 싶은 경우 문제가 될 수 있으므로 신중한 접근이 필요하다.

미국의 Newsweek는 글로벌 연구 회사인 Statista와 제휴하여 미국에 있는 약 2,000개의 CCRC 중 우수 CCRC의 순위를 매겨 미국 내 주요 250개의 CCRC를 선정하였다(Newsweek, 2023). Statista와 Newsweek는 각 CCRC에 대한 평판 점수(총 점수의 90%)와 인증 점수(총 점수의 10%)의 합을 도출하여 CCRC의 순위를 정하였다.[7)]

평판 점수는 23년 8월부터 9월까지 온라인 설문조사를 통한 전문가 점수와 지인/거주자 점수를 기반으로 한다. 전문가 점수는 CCRC의 의료 전문가(간호사, 치료사, 의사 등)와 CCRC 관리 및 운영 직원들을 대상으로 CCRC 추천 점수와 각 CCRC의 Independent Living, Assisted Living, Skilled Nursing Care, Memory Care 수준에 대한 평가의 합으로 구성된다. 지인/거주자 점수는 CCRC 거주자 및 지인들의 추천 점수와 CCRC의 8가지 품질 차원(Accommodation, Commercial Services, Community Services, Financial Factors, Food, Overall Care, Overall Safety Measures, Overall Staffing)에 대한 평가의 합으로 산정되었다.

인증 점수는 다양한 노인 서비스의 글로벌 표준을 설정하고 있는 독립적 비영리 인증 기관인 CARF(Commission on Accreditation of Rehabilitation Facilities) International이 CCRC가 독립생활 주거와

---

7) Newsweek. (2023). America's Best Continuing Care Retirement Communities 2024.

생활보조 주거, 주간 보호 센터, 개별 장기 요양, 개인 지원 서비스 등을 포함한 폭넓은 연속적 돌봄을 제공하고 있는지 판단하고, 음식 질, 메뉴 다양성, 룸 서비스, 레스토랑 제공 사항 등과 같은 비임상적 요소도 함께 평가하여 산출하였다.

America's Best Continuing Care Retirement Communities 2024

Continuing Care Retirement Communities (CCRCs) are emerging as a desirable option for seniors looking for both the independence they want and the care they may need. There are approximately 2,000 CCRCs in the U.S., and that number is expected to continue to increase as the population ages. These communities provide a continuum of care that adapts to the evolving needs of aging people.

Today's senior citizens are more active than the generation before them. Consequently, senior housing options have changed to meet the expectations of these active retirees, with a wide variety of activities like fitness classes, gardening, dance lessons and book clubs, just to name a few. From living independently to assisted living and skilled nursing, each facility offers comprehensive services, ensuring residents can age with dignity and grace.

To help our readers make informed decisions, *Newsweek* has partnered with the respected global research firm Statista to rank America's Best Continuing Care Retirement Communities for the first time. This year, we are proud to award the leading 250 CCRCs in the United States—places where residents not only live but thrive.

Nancy Cooper
Global Editor in Chief

NEWSWEEK

평가 항목	구성 요소 및 내용		점수 비중
Reputation Score (90%)	Professionals' Score (45%)	Professionals' Recommendations – 의료 전문가(간호사, 치료사, 의사 등) 및 CCRC 관리/운영 스태프의 추천 (추천 순서에 따라 가중치 부여, 참가자의 경력 고려)	90%
		Care Level Assessment – 각 CCRC의 Independent Living, Assisted Living, Skilled Nursing Care, Memory Care에 대한 1~10점 평가	10%
	Acquaintances' / Residents' Score (45%)	Acquaintances' / Residents' Ratings – CCRC 거주자 및 그 지인의 추천 (방문한 CCRC에 대한 1~10점 평가)	80%
		Quality Dimensions Score – 다음 8개 품질 차원에 대해 1~10점 평가 • Accommodation (자격, 경험, 과정 수 등) • Commercial Services (교통, 유지보수, 하우스키핑 등) • Community Services (제공되는 액티비티 수, 여가활동의 질 등) • Financial Factors (가격 대비 가치, 경제성) • Food (메뉴 다양성, 음식 품질, 룸 서비스 등) • Overall Care (안전, 소통, 위생 조치 등) • Overall Safety Measures (치료/요법, 의사/치료사와의 상담) • Overall Staffing (방 크기, 가구 품질, 여가, 활동)	20%
Accreditation Score (10%)	CARF International 인증	독립적 비영리 인증 기관인 CARF(Commission on Accreditation of Rehabilitation Facilities) International이 평가한 인증 점수	

Valle Verde (전체 1위, 캘리포니아주 1위)

소재지	900 Calle De Los Amigos, Santa Barbara, CA 93105
면적	65 acres
세대 규모	365 (독립생활 : 249, 생활보조 : 24, 간호 서비스 : 73, 기억 관리 : 17)
준공(개업) 시기	1966년
운영사	HumanGood California Obligated Group
연령	62세 이상
Entrance fee	$74,969 ~ $1,008,642 (No Refund)

위치 및 특징

캘리포니아주 산타바바라(Santa Barbara, California) 외곽 약 3.1마일 떨어진 곳에 위치한 Valle Verde(이하 발레 베르데)[8]는 2024 년 Newsweek가 선정한 최고의 CCRC이다. 이곳은 미국에서 가장 인기 있는 CCRC 중 하나로, 1966년도에 문을 열었으며 비영리 단체 인 HumanGood에서 관리하고 있다. 도시 근교형인 발레 베르데는 65에이커에 달하는 넓은 캠퍼스를 갖추고 있으며, 산타바바라의 아름다운 자연경관과 온화한 기후 덕분에 평화롭고 안전한 환경에서 편안한 생활을 즐길 수 있다. 발레 베르데 근처에는 병원 두 곳이 있

Valle Verde 위치

---

8) Valle Verde website, https://www.humangood.org/valle−verde

는데, 가장 가까운 병원은 Santa Barbara Cottage Hospital로 1.6마일 떨어져 있으며, Goleta Valley Cottage Hospital은 3.4마일 떨어진 거리에 있다.

● 주거 형태

발레 베르데는 총 365개의 주거 공간을 제공하는 대규모의 CCRC로, 독립생활 주거, 생활보조 주거, 간호 서비스 주거, 기억력 관리 등 다양한 옵션을 통해 노인들이 필요와 선호에 맞게 선택할 수 있다.

독립생활 주거(Independent Living)

발레 베르데의 정보 공개 문서인 2024년 Disclosure Statement[9]에 의하면, 독립생활 주거는 전체 249개가 있으며, 스튜디오형 아파트(7개), 1 베드룸 아파트(87개), 2 베드룸 아파트(103개), COTTAGES/HOUSES(52개) 중에서 원하는 유형으로 선택이 가능하다.

생활보조 주거(Assisted Living)

일상생활에 도움이 필요한 노인들을 위한 24개의 생활보조 주거 공간이 있다. 이곳에서는 목욕, 약물 관리, 옷 입기 등의 일상 활동을 지원하고, 세 끼 식사, 의료교통편, 연중무휴의 24시간 보안 및 긴급 호출 시스템 등을 제공한다.

---

9) human good®. (2024). Continuing Care Retirement Community Disclosure Statements.

Valle Verde 독립생활 주거

간호 서비스 주거(Skilled Nursing Home)

　73개의 간호 서비스 주거를 갖추고 있는 발레 베르데에서는 맞춤형 단기 재활 및 장기 요양 서비스를 제공한다. 단기 재활 이용자들은 개인 옵션이 포함된 준전용 스위트룸(Semi－private suites)에서 머물면서 숙련된 전문가의 24시간 지원을 받고, 맞춤형 건강 계획, 물리치료(Physical Therapy), 일상생활 활동을 독립적으로 수행할 수 있도록 도와주는 작업치료(Occupational Therapy), 언어와 의사소통, 삼킴 기능 등을 개선하기 위한 언어치료(Speech Therapy) 등의 서비스를 받을 수 있다.

기억 관리(Memory Support)

발레 베르데는 17개의 Memory Support를 운영하며 알츠하이머나 치매로 어려움을 겪는 노인들을 위한 맞춤형 돌봄 서비스를 제공 중에 있다. 거주자와 비거주자 모두 기억 관리 지원을 받을 수 있다. 각 개인실 외부에는 개인의 추억과 개성을 담은 개인 맞춤형 메모리 박스를 배치할 수 있도록 하고, 개인 욕실을 제공한다. 공용 주방과 거실, 식당, 살롱 및 스파 서비스 등의 이용이 가능하다.

● 편의시설

발레 베르데는 거주자들의 삶의 질을 높이기 위해 다양한 편의시설을 제공한다. 고급 레스토랑과 캐주얼 다이닝에서 여러 가지 요리와 식단을 즐길 수 있으며, 당구장과 볼링장, 퍼팅 그린, Pickle Ball(라켓 스포츠 유형), 피트니스 센터 등이 있어 건강한 생활을 유지할 수 있다. 또한 야외 수영장 및 스파 시설, 공예실, 도서관, 예배실, 미용실(이발소)도 이용이 가능하다. 외부에서 방문하는 가족과 친구들을 위한 숙박 시설, 거주자들이 다양한 활동과 사회적 교류를 할 수 있는 커뮤니티 센터도 마련되어 있다.

비용

입주비는 $74,969에서 $1,714,690까지 그 범위가 넓게 설정되어 있다. 24년 1월 기준 독립생활 주거의 1 베드룸 단층 주택의 입주비(Classic Entrance Fee)는 $172,884~$288,606이고, 월 생활비는 $3,828~$5,296이다. 2 베드룸의 경우 입주비는 $319,776부터, 월 생활비는 $6,336부터 시작한다. 월 생활비에는 식사, 인터넷 및 유틸리티, 주택 유지관리, 하우스키핑, 교통편, 교육 및 피트니스 수업, 여러 활동 등의 비용이 모두 포함된다.

Valle Verde 비용

Valle Verde
a human good community

2024 Residential Living Rates
Classic, 50% & 75% Rebatable Entrance Fee Continuing Care Contract

Effective January 2024. Rates are subject to change. Minimum 10% premium on Entrance Fee for complete remodel.

Residence	Square Footage	Classic Entrance Fee	50% Rebatable Entrance Fee	75% Rebatable Entrance Fee	Monthly Fee	Second Person Monthly Fee
Studio	366 square feet	$74,969	$108,704	$127,446	$3,828	—
One Bedroom	515-870 square feet	$172,884 – $288,606	$250,682 – $418,478	$293,903 – $490,629	$3,828 – $5,296	$1,390
Two Bedroom	900-1,653 square feet	$319,776 – $1,008,642	$463,674 – $1,462,530	$543,619 – $1,714,690	$6,336 – $8,198	Monthly fee covers 1 or 2 people

출처: Valle Verde 제공

Edgemere (전체 2위, 텍사스주 1위)

소재지	8523 Thackery Street Dallas, TX 75225
면적	16.25 acres
세대 규모	504 (독립생활 : 304, 생활보조 : 68, 간호 서비스 : 87, 기억 관리 : 45)
준공(개업) 시기	2002년
운영사	Long Hill Company
연령	55세 이상
Entrance fee	독립생활 주거의 최소 입주비 – $350,000

● 위치 및 특징

Edgemere(이하 엣지미어)[10]는 텍사스주 댈러스(Dallas, Texas)
의 도시 중심부에 위치한 CCRC로, 텍사스주 내에서 1위, 미국 전체
에서 2위로 평가된 곳이다. 이 CCRC는 비영리 단체인 United

---

10) Edgemere website, https://edgemerelife.com/

Methodist Home(UMH)이 전액 출자한 Long Hill Company가 운영하고 있다. 엣지미어는 도시의 편리함과 교외의 평온함을 결합한 Preston Hollow 지역의 16.25에이커 규모의 부지에 자리 잡고 있으며, 55세 이상이라면 누구나 거주가 가능하다. 주변에 University Park, 식당, 식료품점, 약국, 엔터테인먼트 등과 같은 편의시설의 접근이 쉬울 정도로 좋은 입지를 자랑한다.

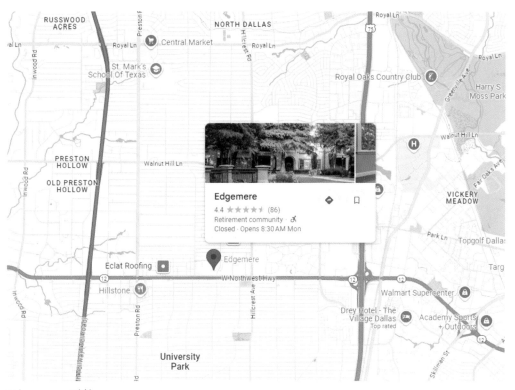

Edgemere 위치

● 주거 형태

엣지미어는 총 504개의 이용 가능한 유닛을 보유 중이며, 304개의 독립생활 주거, 68개의 생활보조 주거, 87개의 간호 서비스 주거, 45개의 기억 관리 병상을 갖추고 있다.

독립생활 주거(Independent Living)

엣지미어의 독립생활 주거는 1, 2, 3 베드룸 아파트로 구성되어 있으며, 각 아파트는 주 침실 외에 손님이 머무를 수 있는 별도의 방을 포함하고 있다. 다양한 평면도가 제공되며, 가전제품, 세탁기, 건조기 등이 모두 갖추어져 있다. 월 요금에는 교육 및 사교 활동 참여, 주택 내·외부 유지관리, 컨시어지 서비스, 커뮤니티 편의시설 이용,

주간 청소 및 플랫 린넨(침구류 등) 세탁 서비스, 연중무휴 24시간 보안 등과 같은 서비스가 포함된다.

생활보조 주거(Assisted Living)

엣지미어의 The Plaza at Edgemere에서는 일상 활동에서 약간의 도움이 필요한 거주자들에게 개인 맞춤형 도움을 제공한다. 이를 통해 거주자들이 최대한 독립성을 유지할 수 있도록 지원한다. 레스토랑 스타일의 식사, 24/7 비상 대응 시스템, 정기적인 교통편 제공, 컨시어지 서비스, 미용실 및 스파, 물리치료, 작업치료, 언어치료, 일일 하우스피킹 및 린넨 서비스, 유틸리티 및 내·외부 유지관리 등과 같은 다양한 서비스가 포함된다.

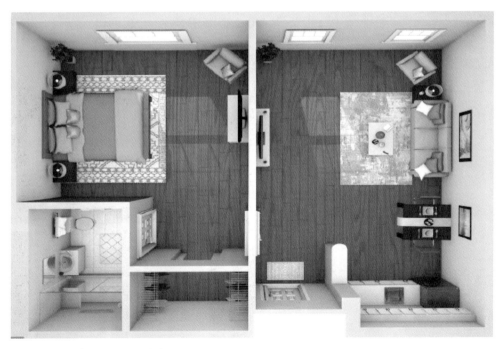

Edgemere 생활보조 주거 평면도

간호 서비스 주거(Skilled Nursing Home)

The Plaza at Edgemere의 간호 서비스 주거에서는 질병, 수술 또는 부상에서 회복 중인 거주자들에게 의료 치료와 재활 서비스를 제공한다. 상처 치료, 정맥 주사 치료, 약물 관리, 물리치료, 언어치료, 만성 질환 치료 등의 전문 의료 서비스가 제공되며, 일상 활동 (목욕, 옷 입기 등)에 대한 지원도 포함된다. 간호 서비스 주거에 머무르는 기간은 개인의 건강 상태와 치료 요구 사항에 따라 다르나, 단기 재활의 경우 물리치료와 회복에 초점을 맞춰 몇 주 동안 체류가 가능하다.

기억 관리(Memory Care)

알츠하이머나 치매 등 기억 관련 질환을 겪고 있는 거주자들을 위해 전문화된 돌봄 서비스를 제공한다. 기억 관리 커뮤니티에서는

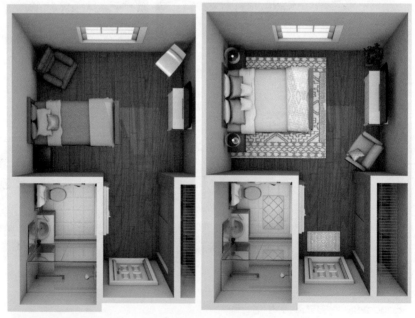

Edgemere 간호 서비스 주거(왼쪽)와 기억 관리 유닛의 평면도

Music & Memory® 프로그램을 통해 음악으로 알츠하이머 및 치매를 앓고 있는 사람들의 삶의 질을 향상시키고, 치매 환자들에게 디지털 솔루션을 제공하는 iN2L(It's Never 2 Late) 기술도 지원된다. 다양한 활동을 주도하는 라이프스타일 코디네이터가 거주자들이 활발하게 참여할 수 있도록 돕는다.

● 편의시설

엣지미어는 거주자들의 생활을 향상시키는 여러 종류의 편의시설을 갖추고 있다. 전문 셰프가 요리하는 식당들이 있어 다양한 식단을 즐길 수 있으며, 에어로빅, 요가, 고강도 운동 수업을 제공하는 현대적인 피트니스 센터와 실내 온수 수영장도 마련되어 있다. 그 외에도 거주자들은 온실, 허브 정원, 아트 센터, 영화관, 도서관, 당구장 등 다양한 시설을 이용할 수 있다.

⠸ 비용

2024년 기준 엣지미어의 1 베드룸 독립생활 주거 비용은 월 $5,760부터 시작하고, 2 베드룸은 월 $6,630부터 시작한다. 추가 인원 (2인)의 경우 $1,950이 추가된다. 생활보조 주거의 비용은 월 $8,125 부터 시작하며, 일회성 비용 $4,500이 발생한다.

Edgemere 비용

INDEPENDENT LIVING *at Edgemere*

2024 PRICING

Apartment Type	Square Footage	Single Monthly Fee
1 Bedroom Traditional	800	$5,800 - $6,960
1 Bedroom Deluxe	896	$5,800 - $6,380
1 Bedroom Grand	1,007	$5,760 - $8,000
1 Bedroom Classic	1,030	$6,800 - $7,480
1 Bedroom Den	1,129	$6,120 - $9,000
1 Bedroom Custom	1,296	$7,900 - $8,690
2 Bedroom Classic	1,236	$6,630 - $8,970
2 Bedroom Den	1,376	$7,890 - $9,550
2 Bedroom Deluxe	1,500	$7,570 - $10,240
2 Bedroom Signature	1,562	$7,520 - $9,400
2 Bedroom Grand	1,724	$9,360 - $11,440
2 Bedroom Premier	1,750	$10,900 - 11,990
3 Bedroom Estate	2,026	$11,500

Second Person Fee $1,950
One-Time, Non-Refundable Community Fee: Typically three times monthly fee.*
*Community Fee may vary based on apartment location and finishes.

Facility ID#101023

8523 Thackery Street | Dallas, TX 75225
(214) 265-9100 | EdgemereLife.com

EDGEMERE

출처: Edgemere 제공

🏠 The Admiral at the Lake (전체 7위, 일리노이주 1위)

소재지	929 W Foster Ave, Chicago, IL 60640
연면적	62,908 ft^2
세대 규모	292 (독립생활 : 200, 생활보조 : 39, 간호 서비스 : 36, 기억 관리 : 17)
준공(개업) 시기	1858년
운영사	The Admiral Foundation
연령	62세 이상
Entrance fee	독립생활 주거 기준 $500,000 ~ $1,600,000

⦂ 위치 및 특징

The admiral at the Lake[11][12][13][14]는 1858년에 설립된 시카고

---

11) The admiral at the Lake website, https://www.theadmiral.org/
12) Masonry Advisory Council. (2017). Featured Projects.
13) Prdg. The Admiral at the Lake Chicago, Illinois.
14) FamilyAssets. The Admiral at the Lake.

최초이자 도심형 노인 생활 커뮤니티로, 62세 이상을 위한 공간이다. 비영리법인인 The Admiral Foundation에서 운영하는 이 CCRC는 일리노이주에서 1위, 미국 전체에서 7위에 평가받을 정도로 인기 있는 곳이다. 시카고 도심 북쪽 Foster avenue에 위치해 있으며, 미시간 호수와 링컨 파크 근처의 멋진 경관을 자랑한다. 또한, 시카고의 문화적 명소와 편의시설에 접근하기 좋다.

The admiral at the Lake는 2012년 재개발로 62,908 ft² 규모의 시설을 갖추었으며, 31층 규모의 독립생활형 고층빌딩과 12층 규모의 의료시설, 5층 높이의 주차장이 함께 있다.

The admiral at the Lake 위치

주거 형태

The admiral at the Lake는 전체 292개의 유닛이 운영 중이며, 200개의 독립생활 주거, 39개의 생활지원 주거, 36개의 간호 서비스 주거와 17개의 기억 관리 병상을 제공하고 있다.

독립생활 주거(Independent Living)

31층 규모의 건물에 200개의 독립생활 주거가 있으며 넓은 현대식 아파트를 지향한다. 1~3개의 침실이 있는 아파트를 선택할 수 있으며, 약 45가지 다양한 평면도를 제공하여 선택의 폭을 넓혔다.

The Sandburg(1 베드룸) 평면도(왼쪽)와 The Edgewater(2 베드룸) 평면도

생활보조 주거(Assisted Living)

12층 규모의 의료시설 건물인 The Harbors at The Admiral at the Lake에 39개의 생활보조 주거가 있다. 생활보조 주거는 3가지 옵션을 제공하는데, 스튜디오 스위트, 파티오가 있는 스튜디오 스위트, 1 베드룸이 그것이다. 스튜디오 스위트의 크기는 약 550 ft²로 월 서비스 수수료는 $9,623, 파티오가 있는 스튜디오 스위트의 크기는 약 575 ft²이고 월 서비스 수수료는 $10,050, 1 베드룸의 크기는 약 650 ft²로 $10,482의 월 서비스 수수료가 부과된다.

생활보조 주거 거주자들은 모든 편의시설을 이용할 수 있을 뿐만 아니라, 주간 하우스키핑 및 린넨 서비스, 매일 3끼 식사 및 간식, 정기 운송, 간단한 약물 복용 알림, 옷 입기 및 몸단장에 관한 도움,

건강 체크, 재활 치료 등과 같은 서비스를 제공받는다.

간호 서비스 주거(Skilled Nursing Home)

The Harbors at The Admiral at the Lake에 36개의 Skilled Nursing bed가 있다. The Harbors는 미국 보건복지부 산하의 연방 기관인 Centers for Medical & Medicaid Services(CMS)에서 선정한 시카고 일리노이주에서 가장 좋은 요양원 중 하나이다. 간호 서비스 주거의 형태는 개인 스위트(Private Suite)이며, 일일 요금은 $594 정도이다.

간호 서비스 주거에서는 생활보조 주거에서 제공되는 서비스가 포함되고, 등록 간호사, 면허 실무 간호사 및 인증 간호조무사가 제공하는 24시간 간호 관리, 모든 식사 및 간식, 식이상담, 개인 세탁, 장기 전문 간호 서비스(정맥 주사 치료, 영양관 투여, 상처 치료, 의료 장비 모니터링 등), 호스피스 케어 등의 서비스가 제공된다.

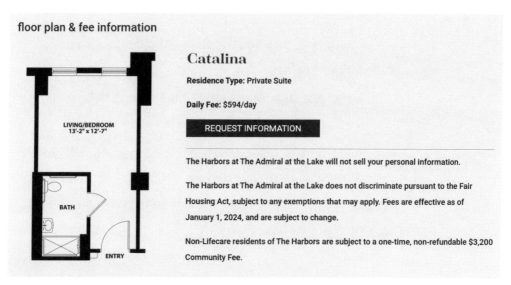

The Admiral at the Lake 간호 서비스 주거 평면도와 가격 정보

● 편의시설

　The admiral at the Lake는 다양한 편의시설을 제공하여 거주자의 삶의 질을 높이고 있다. 미용실(이발소), 수영장, 피트니스 센터, 도서관, 창작 예술 스튜디오, 레스토랑, 카페, 명상실, 극장 등 여러 편의시설이 있다. 1층에는 리테일 센터가 있어 일상 용품을 쉽게 구입할 수 있다. 거주자들에게 교육 지원 프로그램(an educational outreach program)을 제공하여 지속적인 학습과 지적 활동을 돕고 삶의 활력을 증진시킨다. 또한 거주자들이 사회적 교류를 할 수 있는 기회도 제공한다.

● 비용

　입주비는 주거 공간을 확보하기 위한 선불 비용으로, 세 가지 옵션이 있다.

- **90% 환불 가능**: 모든 레지던스 이용 가능
- **50% 환불 가능**: 대부분의 레지던스 이용 가능
- **0% 환불 가능**: 가장 낮은 입주비, 일부 레지던스 이용 가능

　독립생활 주거의 경우, 90% 환불 가능 플랜을 기준으로 침실 하나짜리의 입주비는 $500,000~$900,000, 월 서비스 수수료는 $3,800~$5,700이며, 침실 두 개짜리는 입주비가 $900,000~$1,300,000, 월 서비스 수수료는 $4,900~$7,800이다.

🏠 Givens Estates (전체 13위, 노스캐롤라이나주 1위)

소재지	2360 Sweeten Creek Road Asheville, NC 28803
면적	215 acres
세대 규모	607 (독립생활 : 490, 생활보조 : 47, 간호 서비스 : 70)
준공(개업) 시기	1979년
운영사	Givens Estates, Inc.
연령	55세 이상
Entrance fee	$53,000 ~ $455,400 (독립생활 주거, 환불 불가 조건)

🔴 위치 및 특징

Givens Estates(이하 기브스 에스테이츠)[15][16][17]는 노스캐롤라이나주 애쉬빌(Asheville, North Carolina)에 위치한 전원형 CCRC로,

---

15) Givens Estates website, https://givensestates.org/
16) North Carolina Department of Insurance. (2023). CCRC Reference Guide and Listing.
17) North Carolina Department of Insurance. (2024). Givens Estates—2024.

약 215에이커 규모의 블루리지 산맥 중심부에 자리 잡고 있다. 1979
년에 설립되었으며, 운영 회사인 Givens Estates, Inc.는 1975년에 설
립된 노스캐롤라이나 비영리법인이다. 40년 넘는 역사를 자랑하고 있
는 기븐스 에스테이츠는 노스캐롤라이나주에서 최고의 CCRC로 선정
되었고, 양질의 서비스 및 편의시설을 제공할 뿐만 아니라 Fitch
Ratings로부터 A-등급을 받을 정도로 건전한 재정 상태를 유지하고
있다. 55세 이상이면 거주가 가능하다.

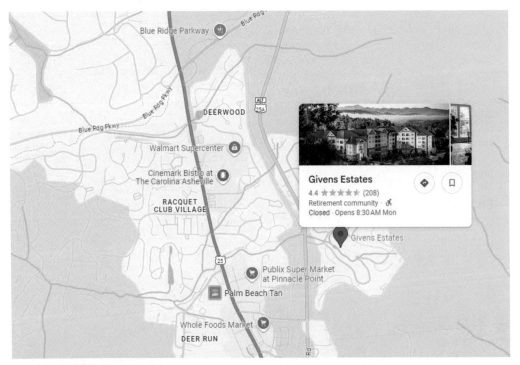

Givens Estates 위치

● 주거 형태

기브스 에스테이츠는 총 607개의 거주 유닛 중 490개의 독립생활 주거, 47개의 생활보조 주거, 70개의 간호 서비스 주거로 구성되어 있다.

독립생활 주거(Independent Living)

59개의 단독주택과 67개의 주택 및 복층 주택, 72개의 Creekside 아파트, 80개의 Friendship Park 아파트, 23개의 빌라 및 189개의 본관 아파트가 있다. 모든 주거 공간에는 세탁기, 건조기, 에어컨 등 대형 가전제품이 들어가 있으며 각 공간마다 특색 있게 구성하여 선택의 폭을 넓혔다.

Creekside Apartments(왼쪽)와 Cottage Homes의 외관

생활보조 주거(Assisted Living)

생활보조 주거의 이름은 Wood Assisted Living으로 47개가 운영된다. 간이 주방이 있는 스튜디오 아파트부터 2인실이 있는 주거까지 여러 옵션이 있으며, 하우스키핑, 개인 세탁 서비스, 개인 교통수단

이용 지원, 간호 직원의 24시간 지원, 약국 서비스 및 약물 관리, 현장 의사 서비스, 물리·작업·언어치료 등이 제공된다.

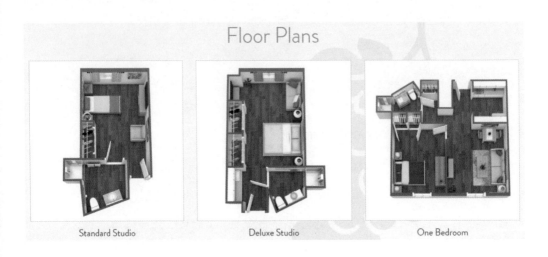

Floor Plans

Standard Studio   Deluxe Studio   One Bedroom

간호 서비스 주거(Skilled Nursing Home)

70개의 병상을 갖춘 Givens Estates Health Center는 개인실 (Private) 및 준개인실(Semi−private) 숙박 시설을 갖추고 있다. 이곳에서는 생활보조 주거에서 제공되는 서비스는 물론, Medicare 인증 18) 단기 재활 서비스, 장기 치료 서비스, 장기 요양 서비스, 24시간 간병 서비스, 회복 간호 프로그램, 완화 치료 및 호스피스, 개별화된 치료 계획 등과 같은 서비스가 제공된다.

---

18) Medicare: 65세 이상 또는 특정 장애를 가진 사람들을 위한 연방 정부의 건강 보험 프로그램
Medicare 인증: 의료기관이 Medicare 해당 환자들에게 서비스를 제공하고, 그에 따른 비용을 정부로부터 상환받을 수 있는 자격을 획득하는 절차

편의시설

　거주자들을 위한 다양한 편의시설이 마련되어 있다. 실내 수영장, 스파, 헬스장, 에어로빅실, 공연 예술 센터, 클리닉, 치료실, 비즈니스 센터, 공예실, 미술실, 도자기·페인팅·목각 스튜디오, 약국, 수목원, 온실 및 정원, 도서관, 미디어 센터, 당구장 등이 있다. 주민들은 외국어 및 미술 수업, 강의, 공연 예술 제작, 독서 클럽, 피트니스 수업, 정원 가꾸기, 산책, 사교 행사 등 삶을 풍요롭게 하는 다양한 프로그램을 선택할 수 있다.

● 비용

　입주비는 환불 가능 여부가 다른 세 가지 유형, 즉 환불 불가나 50% 또는 90% 환불 가능한 입주비 옵션을 제공한다. 2023년 6월 1인 기준 환불 불가 조건의 입주비 범위는 $53,000에서 $455,400이며, 월 생활비는 $1,888에서 $5,399까지 설정되어 있다. 월 생활비에는 거주와 관련된 다양한 서비스와 시설 이용비가 포함되어 있으며, 기브스 에스테이츠의 운영 및 관리와 관련된 비용 충당을 위한 목적으로 사용된다. 월 요금 또는 기타 비용의 인상이 있을 경우 30일 전에 사전 통지를 하고 있다.

Croasdaile Village (전체 23위, 노스캐롤라이나주 3위)

소재지	2660 Croasdaile Farm Parkway Durham, NC 27705
면적	110 acres
세대 규모	602 (독립생활 : 452, 생활보조 : 46, 간호 서비스 : 104)
준공(개업) 시기	1999년
운영사	The United Methodist Retirement Homes, Incorporated(UMRH)
연령	62세 이상
Entrance fee	$66,083 ~ $190,067 (독립생활 주거, 1개 침실)

위치 및 특징

Croasdaile Village(이하 크로스데일 빌리지)[19][20]는 노스캐롤라이나주 더럼(Durham, North Carolina) 북서부에 위치한 전원형 CCRC로, 1999년에 설립되었다. 62세 이상의 노인들을 대상으로 운영되며, Croasdaile Farm이라는 계획 주거 개발 지역 내 100에이커가 넘는 넓은 부지에 위치해 있다. 이 CCRC는 노스캐롤라이나주의 비영리법인인 The United Methodist Retirement Homes, Incorporated

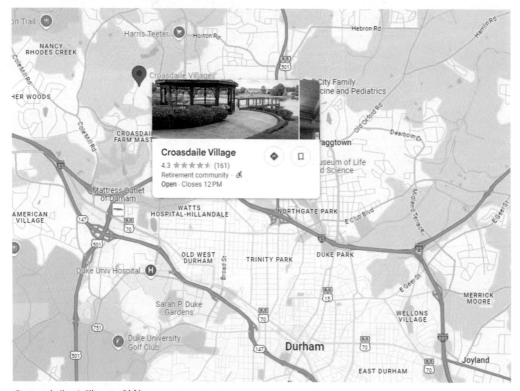

Croasdaile Village 위치

19) Croasdaile Village website, https://www.croasdailevillage.org/
20) North Carolina Department of Insurance. (2024). Croasdaile Village Retirement Community Revision 3- 2024.

(UMRH)가 소유하고 운영하고 있으며, 신앙 기반의 비영리 은퇴자 커뮤니티로 거주자들의 삶의 질을 높이는 것을 목표로 한다. 인근에 듀크(Duke)대학교 메디컬 센터(medical center)가 있어 의료 접근성이 뛰어나다. 크로스데일 빌리지는 2024년 Newsweek에서 선정한 우수 CCRC 중 27위에 이름을 올렸다.

● 주거 형태

크로스데일 빌리지에는 총 602개의 유닛이 운영 중이며, 452개의 독립생활 주거, 46개의 생활보조 주거, 104개의 간호 서비스 주거가 있다.

독립생활 주거(Independent Living)

독립생활 주거는 244개의 Homestead 아파트, 54개의 Heritage 아파트, 130개 코티지(cottages), 24개의 Park Homes로 구성되어 있다. 코티지는 녹지 공간이 많고 유지 보수가 필요 없는 노인 주거 지역의 전통적 라이프스타일을 제공하고, 아파트와 Park Homes는 CCRC 중심부에 위치해 있어 주요 편의시설인 식당, 피트니스 센터

등과 가까워 접근이 편리하다. 38개의 독립생활 평면도를 제공하고, 주거 면적은 400 ft²에서 1,877 ft²까지 다양하다.

생활보조 주거(Assisted Living)

생활보조 주거는 크로스데일 빌리지 내에 있는 생활 지원 구역에서 46개의 유닛을 운영한다. 이동, 목욕, 옷 입기, 식사, 개인 위생, 화장실 이용, 약물 관리 및 투약 감동 등 일상생활을 돕는 다양한 지원이 이루어지며, 별도의 요금이 부과된다.

간호 서비스 주거(Skilled Nursing Home)

크로스데일 빌리지의 의료 센터인 The Pavilion에서는 전문 간호 서비스를 제공하며, 110개의 병상(beds)과 16개의 메모리 케어 유닛이 있다. 이 시설은 노스캐롤라이나주 보건 서비스 규제국(The North Carolina Division of Health Services Regulation)의 허가를 받은 시설이며, Medicare와 Medicaid 인증[21]을 모두 받았다. 크로스데일 빌리지에서는 단기 재활 서비스를 통해 근육 약화, 심장 및 폐 재활, 통증 관리, 인지 장애, 파킨슨병 및 기타 진행성 신경 장애, 상처 치료 등과 같은 전문 치료를 제공한다.

---

21) Medicaid: 저소득층을 대상으로 의료비 지원을 제공하는 주 정부와 연방 정부 공동 운영 건강 보험 프로그램
Medicaid 인증: 의료기관이 Medicaid 해당 환자들에게 서비스를 제공하고, 그에 따른 비용을 정부로부터 상환받을 수 있는 자격을 획득하는 절차

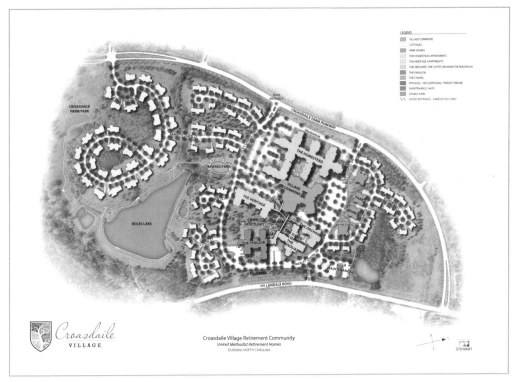

Croasdaile Village 캠퍼스 맵(Campus Map)

편의시설

Homestead 아파트 건물에는 Medicare 인증을 받은 웰빙 클리닉, 예술·공예센터, 강의실, 게임룸, 레크리에이션 룸 등 다양한 편의시설이 있다. Village Commons 커뮤니티 센터에는 도서관, 다목적실, 주민 활동실, 극장, 강당, 은행 지점, 웰빙 시설, 아쿠아틱 센터, 미용실, 스파, 야외 뜰, 여러 식당들, 관리 사무소 등이 있다. 예배를 위한 예배당과 워터 테라피 수영장이 있는 테라피 체육관이 독립된 시설로 존재한다.

Croasdaile Village 수영장 외부(왼쪽)와 내부

🔘 비용

　2023년 10월 기준으로, 1개의 침실이 있는 Homestead 아파트의 입주비 범위는 $66,083에서 $190,067, 월 사용료 범위는 $2,412에서 $3,961이다. 2개의 침실이 있는 Heritage 아파트의 입주비는 $344,490에서 $537,599, 월 사용료는 $4,622에서 $5,571까지로 설정되어 있다. 독립생활 주거의 두 번째 입주자는 추가로 $9,387의 입주비와 $1,525의 월 이용료를 지불한다.

대학연계형 은퇴주거단지
UBRC, University Based Retirement Community

(Retirees) want active,
they want intellectually stimulating,
and they want intergenerational
retirement environments.
은퇴자들은 활동적이고,
지적으로 자극적이며,
세대가 어우러지는 은퇴 환경을 원한다.

Andrew Carle

2.1 UBRC의 개념

UBRC는 'University Based Retirement Community'의 약자로, '대학연계형 은퇴주거단지'를 의미한다.

UBRC라는 용어는 2006년 George Mason University의 노인주택 관리 프로그램 설립자인 앤드류 칼(Andrew Carle)에 의해 처음 만들어졌다(Hou & Cao, 2021). 앤드류 칼의 정의에 의하면 UBRC는 대학 교육 기관과 연계된 은퇴자 커뮤니티(Carle, 2006)로, 은퇴자 커뮤니티가 대학 안이나 대학 인접 지역에 위치하여 거주자들에게 대학의 시설 및 프로그램과 같은 연계된 서비스를 제공하는 곳으로 이해할 수 있다(서연미 외, 2023). 즉, 노인주거시설과 대학의 학습 기회를 결합하는 형태인 것이다. 이 시설은 전형적인 캠퍼스 주택과 비슷하지만 55세 이상의 노인을 위해 특별히 설계되었다.

CCRC와 UBRC는 성격이 다른 커뮤니티가 아니라, 제공되는 서비스와 프로그램에 따라 CCRC는 여가 중심형, 교육 중심형, 의료서비스 중심형 CCRC 등으로 구분이 가능하다. 그중 교육 중심형의 전형적 형태가 대학연계형 CCRC인 UBRC이다(임형빈·차정우, 2020). CCRC의 주택 형태 및 서비스를 모두 갖추고 있으면서 대학과 연계되어 있어 거주자들은 대학 과정 및 학위 프로그램과 같은 학문적 혜택을 제공받을 수 있다.

　　UBRC는 미국의 대표적인 중·고령층 주거시설인 CCRC를 발전시킨 형태라고 할 수 있다. CCRC는 같은 단지 안에서 생활하면서 건강 이슈에 따라 주거 옵션을 바꾸고 그에 맞는 서비스를 제공받는 노인주거시설로, Aging in Place(AIP) 실현이 가능하여 미국과 유럽 등에서 오래 전부터 개발되어 왔다. 하지만 CCRC가 노인들만의 폐쇄적이면서 고립된 환경으로 인해 또 다른 사회문제로 발전될 소지가 있다는 문제점이 제기되면서 지역사회나 다른 세대와의 소통 및 교육이 가능한 주거단지의 필요성이 커지게 되었다(우경진·전영미, 2020).

　　미국에서는 1900년대 중반부터 성공적 노화에 대한 논의와 사회운동이 시작되었고, 이를 뒷받침하는 법 제정과 성인들의 고등교육 참여를 장려하는 대학 환경 등의 분위기가 조성되었다. 이러한 사회적 흐름 속에서 1980년대 초반, 은퇴한 교수와 동문들을 중심으로 대학 인근에 거주하는 노인, 은퇴한 교직원뿐만 아니라 동문들에게 적합한 주거 환경을 제공하기 위한 UBRC 개발이 시작되었다. 2000년대에 들어서면서 건강하고 교육 수준이 높은 미국 베이비부머 세대(1943~1964년생)의 은퇴가 2008년을 기점으로 본격화되었고, 은퇴 후 삶을 어떻게 보낼 것인지에 대해 베이비부머들의 관심이 크게 증가하였다. 이런 배경 속에서 다양한 노후 욕구를 반영한 대학연계형 은퇴주거단지(UBRC)가 빠르게 확산되기 시작하면서 새로운 주거 형태로 자리 잡게 되었다(황경란 외, 2015; 서연미 외, 2023).

UBRC가 전국적으로 개발되면서 많은 대학에서 노인들에게 교육이나 연구, 공공서비스와 같은 다양한 캠퍼스 활동을 제공하게 되었다(안은희, 2013). 베이비부머 은퇴자 수의 증가와 더불어 평생교육의 기회, 문화와 체육 활동, 젊은 세대와의 근접한 소통 등과 같은 장점을 보유한 대학가가 은퇴 후 생활지로 주목받게 된 것이다(김미희, 2015). 이러한 수요로 인해 2020년까지 미국에는 96개의 UBRC가 건설되었으며 6개는 개발 단계 중에 있다(Hou & Cao, 2021).

UBRC 개발을 주도하는 주요 그룹으로는 평생학습 욕구를 지닌 베이비부머 세대, 노인 교육에 관심을 두고 서비스 지원을 확대한 대학, 그리고 노인 교육 및 주거에 대한 잠재적 수요를 인지한 노인주거산업 분야, 성공적 노화 및 평안에 목적을 두고 있는 종교 및 건강·복지 관련 비영리 단체 등으로 파악된다(서연미 외, 2023). 투자은행 및 금융 서비스 회사인 Ziegler에 따르면, 대학과 노인 생활 시설(Senior Living Communities) 관계의 깊이는 다양한 형태로 나타난다. 일부 커뮤니티는 대학과 직접적으로 연결되어 대학이 관리하거나 후원하며, 토지를 임대받아 운영되기도 한다. 이들 중 약 3분의 1은 대학 캠퍼스 근처나 캠퍼스 내에 위치하고 있다.[1]

UBRC는 계속적으로 증가 추세에 있다. 이는 연령이 증가함에 따라 시간적 여유가 많아지고, 자녀들에게 들어가는 교육비 등의 감소로 경제적 여유가 늘어남으로써 지적 호기심을 충족시키고 활기찬 삶을 살고자 하는 욕구가 커지기 때문으로 분석된다.

---

1) Ziegler. (2023). UNIVERSITY – AFFILIATED SENIOR LIVING COMMUNITIES.

2.3 UBRC의 기준 및 유형

George Mason University Program은 UBRC를 설계하고 운영하는 데 있어 고려해야 할 5가지 기준(Mason Criteria)을 다음 표와 같이 제시하였다. 첫 번째 기준은 캠퍼스와의 인접성이다. UBRC는 극장, 스포츠 시설, 강의실 같은 주요 캠퍼스 시설에 쉽게 접근할 수 있도록 1마일(약 1.61 km) 이내에 위치하도록 한다. 두 번째 기준은 커뮤니티 거주자와 대학생, 교직원 간의 통합을 촉진하는 프로그램을 마련하는 것이다. 거주자들이 대학 수업을 듣거나 캠퍼스 시설을 이용할 수 있게 하고, 대학생들에게는 인턴십이나 자원봉사 기회를 제공하여 세대 간 교류가 활발해지도록 한다. 세 번째 기준은 노인들이 장기적으로 연속적 돌봄을 받을 수 있는 노인주택 서비스를 포함하는 것이다. 독립생활 주거, 생활보조 주거, 간호 서비스 주거, 치매 관리 등이 있는 CCRC가 이에 해당한다. 네 번째 기준은 대학과 노인주택 공급자 사이의 명문화된 재정 협력이 있어야 한다는 것으로, 대학이 노인 커뮤니티를 직접 소유할 필요는 없다. 마지막 기준은 거주자 중 최소 10%가 대학과 관련된 인물, 즉 동문, 은퇴한 교직원, 그들의 가족으로 구성되도록 하는 것이다(Carle, 2006).

UBRC 설계 및 운영에서 고려해야 할 5가지 기준

기준(Criteria)	내용
캠퍼스와의 인접성	• 교실, 스포츠단지, 극장 등과 같은 캠퍼스 핵심 시설에 접근 가능한 거리(가급적 1마일 이내) 내에 있는 위치로 조성하여 은퇴자들의 물리적 · 심리적 접근성을 높임
시설(커뮤니티) 거주자, 대학생, 교직원들 사이의 통합을 보장하는 프로그램의 명문화	• 거주자: 수업 수강, 행사 참여, 캠퍼스 서비스 이용 가능 • 대학: 학생 인턴십, 자원 봉사 기회 제공, 노인 주거 환경과 관련한 연구 형태로 시설(커뮤니티)에 '인바운드' 필요 • 프로그램 구성 시 '세대 간' 초점을 맞추는 것이 중요 • 방법: 대학과 시설 공급자 대표자들의 자문위원회를 유지하는 단일 부서와 같은 조정 주체를 설립하여 UBRC 프로그램 내용 및 품질 모니터링 및 관리
연속적 보살핌이 가능한 노인주거 서비스(CCRC) 제공	• 독립생활 주거, 생활보조 주거, 너싱홈, 치매 관리 등을 포함한 연속보호체계형 노인주거서비스를 제공
대학과 노인주택 공급자 사이의 문서화된 재정적 관계	• 학교가 시설(커뮤니티)을 소유해야 함을 의미하는 것은 아님 • 일부 학교는 토지 임대를 통해 장기간 케어 제공에 대한 직접적 위험을 피하며 기관의 재정적 혜택 및 노인주택 전문 지식을 제공 • 조경 공유, 주차, 구매 계약과 같은 재정 연계는 양측이 시설(커뮤니티)의 장기적 성공에 대한 이해관계를 갖도록 함
UBRC 거주자의 최소 10%는 대학과 관련 있는 사람으로 구성	• 시설 거주자의 최소 10%는 대학 동문, 은퇴한 교직원과 그들의 가족 등 대학과 관련 있는 사람들로 구성 • 도시 외 지역 학교의 경우 거주자들의 50% 이상으로 적용 가능 • 지역 토박이(indigenous resident)들의 거주는 시설 공급자의 문화와 분위기를 시설(커뮤니티)로 반영할 수 있는 중요한 부분

일반적으로 UBRC에는 세 가지 유형이 있다.

• 대학이 건설, 소유 및 운영하는 UBRC

　대학이 자체 UBRC를 구축하고 운영한다.

• 대학이 소유한 토지에 건설된 UBRC

　대학이 UBRC 운영을 위해 제3자 공급업체에 토지를 제공하거나 판매한다.

• 인근에 위치한 대학과 협력하는 UBRC

　대학은 대학 캠퍼스와 가까운 기존 은퇴자 커뮤니티와 협력한다.

미국 특수 투자은행인 Ziegler는 여러 해에 걸쳐 대학과 직접적인 연계가 있거나 연계를 맺은 시니어 커뮤니티를 파악해 왔으며, 그중 일부는 다음과 같다.

● 미국 대학과 연계된 노인 생활 커뮤니티

University / College	미국 State / City	Senior Living Community
University of Alabama	Alabama / Tuscaloosa	Capstone Village
University of Central Arkansas	Arkansas / Conway	College Square
Cornell University	New York / Ithaca	Kendal at Ithaca
Washington and Lee University	Virginia / Lexington	Kendal at Lexington
Oberlin College	Ohio / Oberlin	Kendal at Oberlin
Wichita State University	Kansas / Wichita	Larksfield Place
Lasell College	Massachusetts / Newton	Lasell Village
University of Central Florida	Florida / Orlando	Legacy Pointe at UCF
The University of Texas	Texas / Austin	Longhorn Village
Marylhurst University	Massachusetts / Portland	Mary's Woods
Vanderbilt University School of Medicine	Massachusetts / Hermitage	McKendree Village
Arizona State University	Arizona / Tempe	Mirabella
University of Florida	Florida / Gainesville	Oak Hammock
Springfield College	Massachusetts / Springfield	Reeds Landing
Loyola University Chicago	Illinois / Chicago	The Clare at Water Tower
Duke University	North Carolina / Durham	The Forest at Duke
Miami University of Ohio	Ohio / Oxford	The Knolls at Oxford
St. Joseph's College	Connecticut / Hartford	The McAuley

University / College	미국 State / City	Senior Living Community
Davidson College	North Carolina / Davidson	The Pines at Davidson
Berry College	Georgia / Rome	The Spires at Berry College
Furman University	South Carolina / Greenville	The Woodlands at Furman
University of Michigan	Michigan / Ann Arbor	University Commons
Purdue University	Indiana / West Lafayette	University Place
University of California at Davis	California / Davis	University Retirement Community at Davis
Benedictine University	Illinois / Lisle	Villa St. Benedict
Penn State	Pennsylvania / State College	Village at Penn State
College of St. Scholastica	Minnesota / Duluth	Westwood
Yale Unviersity	Connecticut / Hamden	Whitney Center

출처: Ziegler Investment Banking. (December 4, 2023). University−Affiliated Senior Living Communities Listing. 재가공.

2.4 UBRC의 장점

UBRC는 대학 근처나 대학 내에 은퇴자 주거단지를 건설하여 대학과 은퇴자들 사이를 연계시킴으로써 은퇴자들의 교육뿐만 아니라 문화 및 여가 활동을 충족시키고, 은퇴자들이 지속적으로 사회 참여 활동을 할 수 있도록 하며 지역사회의 통합을 목적으로 한다(임정기·홍세영, 2019). 또한, UBRC는 대학과 노인주거환경이 연계되어 있기 때문에 거주자들은 대학이 보유한 기능적 이점의 수혜를 받을 수 있고, 대학은 새로운 수익원을 확보할 수 있으며 지역사회에 공헌할 수 있는 가치를 실현한다는 측면에서 의의가 있다.

거주자(노인) 입장

UBRC에 거주하는 노인 입장에서 크게 다섯 가지의 이점이 있다.

평생교육 기회

UBRC는 거주자들에게 평생교육 기회를 제공한다. 고등교육기관인 대학은 교수와 연구원 같은 인적 인프라의 전문성을 보유한 기관으로, 평생교육기관이나 노인 시설에서 제공하는 프로그램보다 더욱 수준 높은 강의와 체계적인 프로그램을 다양하게 제공할 수 있다. 또한 양질의 프로그램을 기획하고 운영할 역량 역시 보유하고 있다(최손환, 2022). 이런 대학과의 연계는 UBRC 거주자들에게 평생교육을 받을 수 있는 기회를 제공하여 지식을 업그레이드할 수 있게 하고(Hu et al., 2008), 지속적으로 지적 호기심을 충족시켜 삶의 질을 높일 수 있게 한다.

세대 간 소통을 통한 사회적 관계 유지

UBRC는 거주자들이 세대 간 소통을 통해 사회적 관계를 지속할 수 있는 기회를 제공한다(안은희, 2013). 거주자들은 대학에서 열리는 다양한 세미나 또는 학술 발표 대회, 무료 강의 등에 참여할 수 있고, 한 공간 안에서 젊은 대학생들과 어울리며 의견을 교환하는 과정에서 대학생들의 생각이나 가치관을 이해할 수 있는 기회를 가질 수 있다. 대학생들 역시 은퇴자들과의 교류 속에서 노인 세대의 특성과 사고를 이해하고 학습 측면에서 도움을 받을 수 있어 세대 간 교류가 양방향으로 이루어진다.

자원봉사 및 근로 기회

UBRC는 거주자들이 대학 및 지역사회에서 봉사하거나 일할 수 있는 기회를 제공한다(안은희, 2013). 은퇴자들은 오랜 기간 풍부한 사회 경험을 하였고 그것을 통해 얻어진 전문 기술, 연륜을 통한 지혜 및 깊은 통찰 등을 보유하고 있다. 이런 전문성과 경험을 대학생들 및 지역사회 주민들과 나눔으로써 사회에 기여할 수 있다. 예를 들어, 은퇴한 교수나 교사들은 자신의 전문 분야의 과목에서 어려움을 겪는 학생들을 지도할 수 있고, 사업을 했던 사람들은 창업을 원하는 학생들에게 조언을 해줄 수 있으며, 진로에 대해 고민이 있는 학생들에게 멘토링을 해줄 수 있다. 실제로 많은 퇴직자들이 대학 도서관, 공연 예술 센터, 학과, 대학 자문 위원회 등과 같은 곳에서 자원봉사를 하고 있다(Hu et al., 2008).

대학 인프라 활용 및 활동 참여 가능

UBRC의 거주자들은 대학이 보유한 물적 인프라를 이용하면서 다양한 활동에 참여할 수 있다. 대학의 물적 인프라는 강의실, 도서관, 대강당, 경기장, 박물관, 극장, 스포츠 센터, 콘서트홀 등과 같은 대학 내 시설을 의미한다. 거주자들은 이러한 시설들을 모두 편하게 이용하면서 학교 스포츠나 체육 행사, 축제, 연극 공연, 콘서트, 미술 전시 등 다양한 참여를 통해 문화·예술적 욕구를 충족하고 여가 생활을 즐길 수 있다. 또한, 보행자 중심으로 설계된 캠퍼스 안의 잘 조성된 공원, 산책길, 스포츠 센터 등을 이용하면서 노인들은 활동적이면서 정신적으로 건강한 삶을 영위할 수 있다(Morgenroth & Hanley, 2015).

의료 서비스의 높은 접근성

부설 병원이 있는 대학과 연계된 UBRC 거주자들은 의료 기관에 대한 접근성이 높아 양질의 의료 서비스를 받을 수 있다. 대학 내 부설 의과대학, 간호대학 등이 있는 경우 대학들은 대학병원이나 지역 의료 센터를 설립하여 대학 교직원 및 학생들, 지역 주민들에게 필요한 의료 서비스를 제공함은 물론, 교육 및 연구 프로그램을 지원하고 있다(Hu et al., 2008). 이런 대학들과 연계된 UBRC 거주자들은 직접적인 의료 혜택을 누릴 수 있다.

● 대학교 입장

대학교 입장에서 얻을 수 있는 이점은 크게 경제적 이득과 사회 공헌으로 구분된다.

경제적 이득

대학은 UBRC를 운영하거나 지원하면서 수익을 사업화하는 과정에서 경제적 이득을 얻을 수 있다. 사립대학의 경우 등록금 의존율이 매우 높은데 학령인구의 지속적 감소로 대학들은 재원 확보 마련에 어려움을 겪어 존립 위기까지 직면해 있는 현실이다(임진섭 외, 2017). 이를 해결할 수 있는 방안 중 하나로 새로운 수요자 창출과 대학 보유 자산 활용을 생각해 볼 수 있다. 지방대학의 수익성 및 잉여시설의 효율성을 높이는 활로로 UBRC 검토가 가능한 것이다.

❶ 새로운 수요자 창출

대학교는 대학생 수가 지속적으로 감소하여 재정 수입이 줄어드는 것에 대한 대안으로 UBRC 거주자들을 새로운 수요로 고려할 수 있다. 이는 대학생을 대체할 잠재적 인적자원으로 UBRC 거주자를 활용함으로써 입학정원 감소 문제를 해결하고 새로운 기회를 창출하는 방안이 될 수 있는 것이다(송준호, 2013).

대학교는 노인이라는 학습자를 캠퍼스 안으로 수용하여 수업료의 수입을 거두는 직접적 수혜를 기대할 수 있고, 노인들의 자원봉사 노동, 임대 수입, 대학을 통한 의료 서비스 이용, 캠퍼스에서 지출한 자유재량 비용 등의 형태로 노인 학습자들의 재정적 기여분까지 거둘 수 있게 된다(Morgenroth & Hanley, 2015). 즉, 거주자들은 UBRC의 시설 이용료를 지불하고 학교 내의 여러 시설 및 서비스, 다양한 활동에 대한 잠재 소비자가 되며, 이들이 지출한 비용은 다시 학교의 지속적 발전 및 학생 지원 등에 활용될 수 있어 선순환 구조를 기대할 수 있는 것이다(서연미 외, 2023). 실제로 미국의 UBRC인 라셀 빌리지(Lasell Village)는 라셀 칼리지(Lasell Collage)와의 계약을 통해 라셀 칼리지에 연간 200만 달러의 수익을 창출해 주고 있다(Montepare et al., 2019).

❷ 대학의 보유 자산 활용

대학은 UBRC 개발 시 대학이 보유한 자산을 활용하여 새로운 수익을 기대할 수 있다. UBRC 개발자에게 대학 부지를 임대할 경우 토지 임대료와 같은 수익 확보가 가능하고, 대학 브랜드 사용 허가를 통한 대학 홍보 및 마케팅 효과로 잠재적 이익을 기대할 수 있다. 대학이 UBRC의 적극적인 개발자로 참여할 경우 기존에 대학 부지를 보유하고 있어 UBRC 사업 추진 시 부지 비용을 절감할 수 있어 사업의 경제성 또한 확보가 가능하다. 대학 부설 병원이 있는 경우 신규 환자 유입으로 인한 경제적 효과도 기대할 수 있다.

사회 공헌 측면

대학은 UBRC와의 연계를 통해 UBRC 시설 관련 일자리를 확충하게 되면 대학교 졸업생에게도, 지역사회의 취업 준비생들에게도 취업 기회를 제공하는 등 지역 발전에 공헌할 수 있다. 또한, UBRC 거주를 위해 은퇴 가구들이 지역사회에 편입하게 되면 은퇴자들은 의료 서비스 지출이나 외식, 소매 상품 구입 등에 있어 다른 연령대에 비해 상대적으로 높은 소비를 하게 되고, 이는 지역 경제에 실질적으로 기여하게 되어 긍정적인 경제 가치를 제공할 수 있게 된다(Helsabeck & Ritchey, 2004).

2.5 UBRC 사례

UBRC가 가장 활발하게 개발되고 있는 나라는 미국으로, 캠퍼스 내에 있는 UBRC와 캠퍼스 밖에 있는 UBRC로 구분하여 살펴본다.

캠퍼스 내에 있는 UBRC

유형 ① 대학이 건설, 소유 및 운영하는 UBRC

Mirabella at ASU

소재지	65 E University Dr, Tempe, AZ 85281
전체 층	20층
세대 규모	296 (독립생활 : 238, 생활보조 : 17, 간호 서비스 : 21, 기억 관리 : 20)
준공(개업) 시기	2020년
운영사	ASU, Pacific Retirement Services
연령	62세 이상
Entrance fee	$470,000 ~ $2,500,000+

특징

　　Mirabella at ASU(이하 미라벨라)[2]는 애리조나주립대학(Arizona State University, 이하 ASU)의 Tempe 캠퍼스 내에 위치한 라이프 플랜 커뮤니티로, ASU와 비영리법인인 Pacific Retirement Services가 공동 소유하면서 파트너십을 유지하고 있으며 2020년도에 설립되었다.[3] 미라벨라는 ASU 캠퍼스 내에 조성된 은퇴한 고령자들을 위한 실버타운 성격을 지닌다. 캠퍼스 안에 위치하고 있어 대학이 보유한 인프라 사용이 용이하며 도서관 및 식당 등을 상시 이용할 수 있다는 장점이 있고, 평생학습을 포함하여 다양한 액티비티(activities) 참여 역시 가능하다(임진섭 외, 2020).

---

2) Mirabella at ASU website, https://retirement.org/mirabella-asu/

3) SeniorLivingNews. (January 27, 2022). Mirabella at ASU Ranked No. 1 for Architecture & Design in 2021.

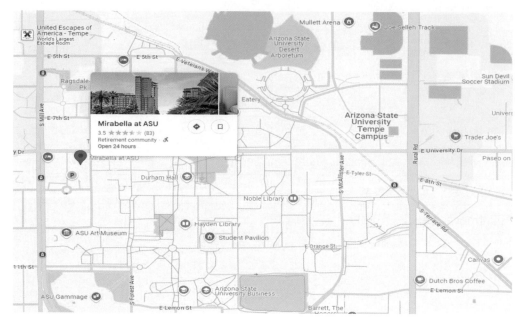

Mirabella at ASU 위치

CCRC 기능

미라벨라는 아파트형으로 구성된 20층의 건물로, 주거 구성은 238개의 독립생활 주거(Independent Living)와 17개의 생활보조 주거(Assisted Living), 21개의 전문 간호(Skilled Nursing), 20개의 치매 관리(Memory Care) 유닛으로 이루어진 CCRC이다.

독립생활 주거는 최대 2,700 ft²에 달하는 50개 이상의 다양한 유형의 평면 보유를 특징으로 한다. 생활보조 주거에서는 거주자들의 독립성을 보장하면서 목욕, 옷 입기, 투약 알림 같은 일상생활 도움과 의료나 진료 예약 지원 서비스, 주간 하우스키핑, 유지 보수 서비스 등이 제공된다. 전문 간호 및 재활 유닛에서는 장단기 치료, 전문 간호, 급성기 이후 치료 및 외래 환자의 재활 서비스 등을 제공하여 필요한 질병 치료에 맞춘 의료 서비스를 경험할 수 있도록 한다. 미라벨라에서는 알츠하이머나 기타 기억력 저하 질병을 갖고 있는 거주자들을 위한 치매 관리 지원이 이루어진다. 치매 관리 프로그램에는 실내 욕실이 있는 프라이빗 스위트, 24시간 간병인, 정기 의료 수송, 개별화된 관리 및 활동 프로그램 등이 포함되어 있다.

편의시설로는 피트니스 및 아쿠아틱 센터, 강당, 극장, 교실, 도서관, 아트 스튜디오, 미술관, 게임룸, 미용실 및 스파, 강아지 공원, 지하 주차장, 4개의 레스토랑 등이 있다.

Mirabella at ASU 독립생활 주거(상단), 간호 서비스 주거(하단 왼쪽), 편의시설

ASU와의 연결

　미라벨라는 ASU 캠퍼스 안에 위치하고 있어 고령자들의 평생학습 측면에 강점을 갖고 있다. 거주자들은 ASU 도서관에서 제공하는 500만 권 이상의 책들을 온·오프라인으로 시간·장소에 구애 없이 자유롭게 열람이 가능하다(임진섭 외, 2020). 대학은 거주자들에게 ASU Sun 카드(학생, 교직원용 캠퍼스 ID 카드)를 제공하여 450개 이상의 강의에 청강할 수 있도록 하고, 다양한 유형의 평생학습 프로그램에 참여할 수 있는 기회를 준다(Maxfield et al., 2023).

　대학은 전문 지식을 가진 거주자들이 코칭(coaching)을 필요로 하는 학생들에게 자신이 보유한 전문적 지식과 기술을 전수하는 멘토−멘티 학습 프로그램을 제공하고, 거주자들은 단순히 강의만 듣는 학습자가 아니라 학생들에게 직접 강의를 진행할 수 있는 교수자로서 기회를 가질 수 있도록 한다.

　UBRC로써 미라벨라 거주자들은 앞서 언급한 혜택을 받는데, ASU 학생들에게도 이점이 있다. 젊은 학생들은 오랜 사회 경험을 가진 거주자들과 교류하면서 그들의 노하우와 지식을 배울 수 있다. 보건 의료나 사회복지, 간호학 관련 전공자들은 세대 간 고령자 케어에 대한 실습이 가능하다. 새로운 유형의 세대 간 학습(intergenerational learning) 및 멘토링(mentoring)이 이루어지면서 거주 노인과 학생 모두에게 혜택이 돌아가도록 하고 있다(임진섭 외, 2020).

　거주자들은 캠퍼스 내 다양한 편의시설과 프로그램, 액티비티(activities) 등을 자유롭게 이용할 수 있으며, 대학 공연장(ASU Gammage Theater)에서 열리는 연극이나 오케스트라 등 여러 문화생활을 즐길 기회를 얻는다. 대학은 매년 Herberger Institute for Design and Arts School of Music의 우수 대학원생 3명을 거주 아티스트로 선정하여 거주 노인들에게 음악 공연을 제공한다. 또한 학생들과 거주자들은 아트 갤러리와 스튜디오에서 작품들을 전시하고 교류할 수 있다. 거주자들은 미술 박물관과 공연에 무료로 입장할 수 있으며, Gammage의 브로드웨이 쇼 좌석을 우선 예약하거나 BEYOND fine arts series의 특별 단체 요금 혜택도 누릴 수 있다.

🔘 비용

미라벨라의 생활비는 ASU가 주(state) 외의 학생들에게 부과하는 학비를 초과한다(ASU의 학비, 기숙사비, 식비는 연간 $47,000 이상임). 미라벨라의 월 생활비는 1 베드룸의 경우 $5,232~$5,719이고, 2 베드룸의 경우 $5,719~$6,529이다. 월 생활비에는 평생학습, 웰니스 프로그램, 식사, 운송, 편의 서비스 등이 포함된다. 미라벨라는 CCRC이기 때문에 입주자는 약 $470,000에서 $2,500,000 이상의 일회성 입주비를 내며, 이 중 80%는 환불이 가능하다.[4]

---

4) Next Avenue. (February 16, 2024). Extra Credit: Returning to University at Age 77.

Lasell Village

소재지	120 Seminary Ave, Auburndale, MA 02466
면적	13 acres (shared with Lasell University)
세대 규모	235 (독립생활 : 182, 생활보조 : 9, 간호 서비스 : 38, 기억 관리 : 6)
준공(개업) 시기	2000년
운영사	Lasell College
연령	65세 이상
Entrance fee	$460,000 ~ $1,450,000

● 특징

    미국 매사추세츠주 뉴튼(Newton, Massachusetts)시에 위치한 Lasell Village(이하 라셀 빌리지)[5]는 2000년 Lasell College(이하 라셀 칼리지) 캠퍼스 가장자리에 건설된 UBRC로, 라셀 칼리지가 은퇴주거단지를 소유하고 운영하는 것이 특징이다(Montepare et al., 2019; 임하라·김석경, 2022). 이 UBRC와 관련된 라셀 칼리지는 1851년에 설립되었으며, 50개 이상의 학부 및 대학원 학위를 제공하는 사립대로 약 1,600명의 학부생들이 재학 중에 있다. 라셀 칼리지는 평생학습에 지역사회를 참여시키는 방법을 추구하고 있는 고령친화대학(Age-Friendly University, AFU) 중 하나이다(Montepare et al., 2019).

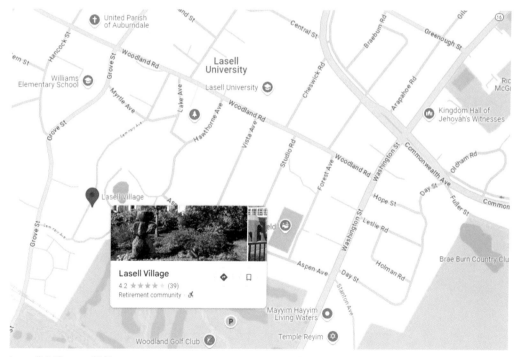

Lasell Village 위치

---

5) Lasell Village website, https://lasellvillage.com/

CCRC 기능

총 13에이커(약 52,609 ㎡) 면적에 걸쳐 조성된 라셀 빌리지는 13개의 주거 건물로 구성되어 있고, 74세에서 104세까지 약 225명이 거주 중에 있다. 라셀 빌리지는 독립생활 주거, 생활보조 주거, 간호 서비스 주거를 갖추고 있는 CCRC이다.

182개의 독립생활 아파트를 보유하고 있어 거주자들은 선호에 따라 다양한 주거 옵션을 선택할 수 있다. 각 아파트에는 식기세척기, 전자레인지, 가스레인지, 냉장고가 갖춰진 주방이 있으며, 세탁기와 건조기도 있어 거주자들이 편리하게 생활할 수 있다.

라셀 빌리지에는 생활보조 주거인 라셀 스튜디오(Lasell Studio)와 전문 간호 시설인 라셀 하우스(Lasell House)가 있다. 라셀 스튜디오는 9개의 생활지원 유닛으로 구성되어 있으며, 경미한 기억 장애 또는 만성 건강 문제가 있는 거주자들에게 면허가 있는 간호사가 24시간 돌봄을 제공한다. 이곳에서는 하루 3끼 식사뿐만 아니라 일상생활 활동, 기억 장애 관리 프로그램, 웰빙을 위한 레크리에이션과 학습 활동을 제공한다. 독립생활 주거 거주자가 라셀 스튜디오로 이사할 경우 월 아파트 요금 대신 월 사용료를 지불한다.

라셀 하우스는 44개의 병상을 갖춘 전문 간호 시설로, 라셀 빌리지 거주자뿐만 아니라 보스턴 지역사회에도 의료 서비스를 제공한다. 제공되는 서비스에는 단기 정형외과 재활, 정기 전문 간호, 심장 재활, 뇌졸중 재활 및 회복, 통증 및 감염증 관리, 임종 및 호스피스 간호 등이 포함된다. 라셀 하우스 비용은 $4,100에서 시작하여 $11,195까지 다양하고, 평균 비용은 $7,648로, 이 지역의 요양원 평균 비용인 $7,182보다 높다.[6]

Lasell Village 외부(왼쪽) 및 내부

라셀 빌리지는 대학 내에 위치해 있어 대학 시설의 접근성이 높은 편으로, 거주자들은 도서관, 피트니스 센터, 실내 온수 수영장, 커뮤니티 룸, 아트 스튜디오 등 대학의 다양한 시설을 쉽게 이용할 수 있다(임하라·김석경, 2022).

라셀 칼리지와의 연결

라셀 빌리지 주민들은 거주 조건으로 매년 450시간의 학습 및 피트니스 활동을 해야 하는 개별화된 평생교육 프로그램을 제공받는다. 권장 시간은 풀타임 학부생이 수업에서 받는 학점 시간과 동일하며, 시간이 지남에 따라 건강 문제로 교육을 이수할 수 없을 경우 조정이 이루어진다. 거주자들은 빌리지 내의 교육 활동과 더불어 대학의 교육 및 연구 프로그램에도 참여가 가능하다. 빌리지에서 동료들과 함께 6~8주 동안 다양한 주제로 진행되는 수업을 듣거나, 한 학기(15주) 동안 대학 과정에 등록해 수강할 수 있다. 학부 과정에 등록한

---

6) FamilyAssets. Lasell Village.

Lasell College와의 연결

거주자들은 시험을 치르거나 전공 과제를 할 필요는 없지만, 일상적 요구 사항이나 수업 활동에 참여할 의무는 있다. 비정기 온라인 교육, 예술 및 문화 활동, 워크숍, 전시회, 갤러리 토크 등의 행사에 참여할 수 있고, 캠퍼스 도서관 서비스도 이용할 수 있다(Montepare et al., 2019).

라셀 빌리지는 세대 간 교류에 중점을 둔 프로그램을 운영하며, 거주자들과 학생들은 일대일로 교류할 수 있는 특별 프로젝트에 참여한다. 학생들은 소비주의, 개인정보 보호, 가족 구조, 대인 관계 등과 같은 다양한 주제에 대해 거주자들과 인터뷰를 하고, 이 과정에서 서로의 전문 지식을 공유한다. 강사들은 학생들이 거주자와 단순히 인터뷰하는 것이 아니라, 그들의 경험과 관점, 생각을 나눌 수 있도록 준비를 돕는다(Montepare et al., 2019). 또한, 대학생들은 라셀 빌리지를 방문하여 인턴십, 봉사활동, 멘토링 프로그램 등에 참여하며 거주자들과 교류한다(임하라·김석경, 2022).

비용

라셀 빌리지에 입주하려면 재정 검토를 통해 커뮤니티에서 생활할 수 있는 재정적 여유가 있는지를 확인받는다. 2023년 기준으로 입주비는 $460,000에서 $1,450,000이며, 월 생활비는 약 $4,750에서 $11,200이다. 입주비는 두 가지 방식으로 지불할 수 있다. 첫 번째 방식은 계약할 때 입주비 전액을 지불하고, 계약이 끝나면 그 금액의 90%를 돌려받는 것이다. 두 번째 방식은 계약 시 입주비의 65%만 내고, 거주하는 기간에 따라 매달 환불액이 1%씩 줄어드는 방식이다. 만약 입주자가 두 번째 방식을 선택하고 8년 이상 거주하면 환불은 없다. 이 비용에는 라셀 빌리지 내 웰니스 센터를 통한 연간 60시간의 가정 간호 및 생활 지원 서비스, 그리고 수업료가 포함되어 있다.7)

---

7) The Business Journals. (Febuary 14, 2023). Back to school, again: Boomers are choosing on-campus retirement living.

The Spires at Berry College

소재지	600 Eagle Lake Trail, Rome, GA 30165
면적	48 acres
세대 규모	277 (독립생활 : 170, 생활보조 : 36, 간호 서비스 : 35, 기억 관리 : 36)
준공(개업) 시기	2020년
운영사	Lavender Mountain Senior Living
연령	55세 이상
Entrance fee	(1인 기준) $110,900 ~ $772,900

특징

The Spires at Berry College(이하 더 스파이어스)[8]는 미국 조지아주 로마(Rome, Georgia)에 위치한 Berry College(이하 베리 칼리지) 내에 있는 CCRC로, 조지아주 북서부 최초의 CCRC이자 미국 대학 캠퍼스 안에 지어진 최초의 CCRC 중 하나이다. 더 스파이어스는 베리 칼리지가 이미 소유하고 있던 48에이커 규모의 토지를 임대받아 노인주택 개발업체인 Greenbrier Developement의 주도하에 개발되었고, 2020년 6월에 개장하였다. 이 시설은 비영리법인인 Lavender Mountain Senior Living(베리 칼리지가 더 스파이어스를 소유하고 운영하기 위해 설립한 비영리회사)이 소유하고 운영하며, 55세 이상의

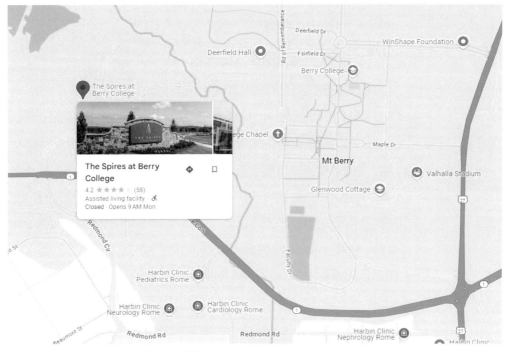

The Spires at Berry College 위치

---

8) The Spires at Berry College website, https://www.retireatberry.com/

노인들을 대상으로 한다. 베리 칼리지는 토지 임대 계약을 통해 이득을 얻고, 학생과 거주자 모두에게 대학에서 제공하는 다양한 활동을 통해 세대 간 혜택을 제공하고 있다.

● CCRC 기능

더 스파이어스는 독립생활 주거, 생활보조 주거, 간호 서비스 주거, 메모리 케어를 제공하는 CCRC이다. 이곳에는 127개의 아파트, 26개의 코티지, 17개의 롯지(Longleaf Lodge) 등 총 170개의 독립생활 유닛이 있으며, 주 건물에 연결된 Magnolia Place Healthcare Center에는 36개의 생활보조 주거, 35개의 간호 서비스 주거, 36개의 메모리 케어 유닛이 있다.

독립생활 주거에서는 식사 제공, 주간 하우스키핑, 가전제품 및 주택 유지 관리, 난방과 에어컨, 전기와 수도, 인터넷, 개인 의료 운송, 24시간 보안 및 비상 대응 등의 서비스가 지원된다. Magnolia Place에는 생활보조 주거, 간호 서비스 주거, 기억력 관리 유닛이 있다. 생활보조 주거에서는 면허가 있는 간호사와 훈련된 간병인이 목욕, 옷 입기, 약물 모니터링 및 기타 일상생활 활동에 대해 개별적으로 지원하고 있다. 간호 서비스 주거는 등록간호사(Registered Nurse, RN), 면허 실무 간호사(Licensed Practical Nurse, LPN), 전문 간병인, 물리 치료사, 작업 치료사 및 언어 치료사 등을 통해 최고 수준의 치료를 제공하고, 병원에 입원한 후 단기 재활 치료 비용은 Medicare/Managed Care로 보장된다.

The Spires Commons 구역(하단 이미지 **2**)에는 Eagle Lake와 Lavender Mountain이 내려다보는 4층 Club Room, 3개의 식당, 실내

해수 수영장, 피트니스 센터, 뷰티 살롱과 스파, Arts Studio, 특별 이
벤트를 위한 대형 다목적실 등이 마련되어 있다.

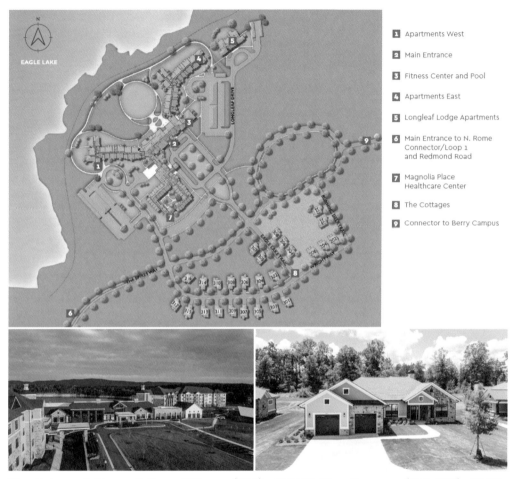

The Spires at Berry College 전체 map(상단), 아파트와 The Commons(하단 왼쪽), 코티지

● 베리 칼리지와의 연결

더 스파이어스는 세대 간 상호작용을 중요하게 여기며, 이를 통해 학생들에게 일자리와 자원봉사 기회를 제공한다. 이 덕분에 시니어와 학생들 간의 활발한 교류가 이루어지고 있다. 더 스파이어스와 베리 칼리지 캠퍼스의 보행 가능한 편의시설은 노인 커뮤니티의 포용성을 강조하며, 거주자들은 대학 강의에 참여하고 학생들은 더 스파이어스의 라운지와 다이닝 공간에서 공부를 한다. 현재 33명의 학생들이 더 스파이어스에서 일하고 있으며, 많은 학생들은 거주자들이 제공하는 경력 상담, 리더십, 멘토링 등의 혜택을 누리고 있다. 또한, 베리 칼리지의 동문이나 교수였던 거주자들은 평생학습 기회를 즐기며, 학생들과의 교류를 통해 새로운 활력을 얻고 있다.

● 비용

입주비는 전통 환불 플랜(Traditional Refund Plan)과 90% 환불 플랜(90% Refund Plan) 중에서 선택할 수 있다. 전통 환불 플랜은 입주비가 더 낮지만 장기적으로 환급액이 적은 플랜으로, 입주 후 입주비의 96%가 환불 가능하며 이후 8년 동안 매달 1%씩 환급 가능 금액이 줄어든다. 90% 환불 플랜은 입주비가 더 높지만 장기적으로 환급액이 많은 플랜으로, 입주 기간에 상관없이 커뮤니티를 떠날 때(또는 사망 시) 본인이나 상속자가 입주비의 90%를 환급받을 수 있다. 1 베드룸 아파트 기준으로 전통 환불 플랜 이용시 입주비는 $157,448~$251,628이며, 90% 환불 플랜 이용시 입주비는 $264,548~$409,708이다.

월 이용료는 1 베드룸 아파트의 경우 $2,995~$3,950, 2 베드룸 아파트의 경우 $4,150~$5,050이다. 월 이용료에는 식사, 주간 하우스 키핑, 유틸리티(난방, 에어컨, 수도, 전기), TV 케이블, 가전제품의 유지관리, 인터넷, 부동산 세금, 건물 보험, 웰빙 프로그램, 레크리에이션, 교육 프로그램, 교통수단 등의 서비스가 포함되어 있다.

The Spires at Berry College 비용

TRADITIONAL REFUND PLAN

UNIT TYPE	FLOORPLAN TYPE	SQUARE FOOTAGE	ENTRANCE FEES	MONTHLY FEES
APARTMENTS				
Magnolia	1 Bedroom, 1 Bath	662	$ 157,448 to $ 163,228	$ 2,995
Tulip Tree	1 Bedroom, 1 Bath	774	$ 204,698 to $ 214,188	$ 3,295
Hickory	1 Bedroom, 1 Bath	801	$ 209,948 to $ 214,188	$ 3,395
Redbud	1 Bedroom, 1 Bath	842	$ 220,448 to $ 250,588	$ 3,795
Red Cedar	1 Bedroom + Den, 1 Bath	967	$ 242,498 to $ 267,228	$ 3,950
Maple	1 Bedroom + Den, 1.5 Bath	979	$ 247,748 to $ 251,628	$ 3,950
Chestnut	2 Bedroom, 2 Bath	1,091	$ 264,548 to $ 310,908	$ 4,150
Pecan	2 Bedroom, 2 Bath	1,192	$ 276,098 to $ 338,988	$ 4,450
Dogwood	2 Bedroom + Den, 2 Bath	1,258	$ 308,648 to $ 371,228	$ 4,595
Holly	2 Bedroom + Den, 2 Bath	1,378	$ 386,348 to $ 404,508	$ 4,695
American Elm	2 Bedroom + Den, 2 Bath	1,450	$ 391,598 to $ 393,068	$ 4,950
Willow Oak	2 Bedroom + Den, 2.5 Bath	1,489	$ 408,398 to $ 436,748	$ 5,050

출처: The Spires at Berry College 제공

Legacy Pointe at UCF

소재지	2110 Hestia Loop Oviedo, FL 32765
면적	43 acres
세대 규모	300 (독립생활 : 172, 생활보조 : 48, 간호 서비스 : 48, 기억 관리 : 32)
준공(개업) 시기	2022년
소유자	CCRC Development Corporation
연령	65세 이상
Entrance fee	$335,234부터

특징

Legacy Pointe at UCF(이하 레거시 포인트)9)10)는 플로리다주 올랜도(Orlando, Florida)에 위치한 센트럴 플로리다 대학(University of Central Florida, 이하 UCF) 내에 있는 UBRC이다. 이곳은 2022년 봄에 개장하였고, UCF 캠퍼스에서 북동쪽으로 약 1마일 떨어진 곳에 위치해 있다. UCF 재단이 약 43에이커의 토지를 구입하여 조성하였고, 이 시설은 플로리다주 비영리법인인 CCRC Development Corporation이 소유하고 있다. 이 회사는 UCF 이사회와 제휴 계약을 체결하여 거

Legacy Pointe at UCF 위치

---

9) Legacy Pointe at UCF website, https://www.legacypointeatucf.com/
10) Pike. Legacy Pointe at UCF.

주자에게 대학의 특정 프로그램, 시설, 서비스 등을 제공하는 데 협력하기로 동의하였다.[11]

CCRC 기능

레거시 포인트는 172개의 독립생활 주거(Independent Living), 48개의 생활보조 주거(Assisted Living), 32개의 치매 관리(Memory Care) 및 48개의 전문 간호(Skilled Nursing) 시설을 갖춘 CCRC이다(Demirciftci et al., 2024).

독립생활 주거에서는 주택 유지 보수와 청소 서비스가 제공되며, 다양한 커뮤니티 시설을 이용할 수 있다. 또한 4가지 평면도 중에 선택이 가능하다. 생활보조 주거에서는 피트니스 센터와 웰빙 프로그램을 이용할 수 있고, UCF의 의과대학 및 간호대학(UCF's Colleges of Medicine and Nursing)과 연계된 최신 치료 프로그램도 제공된다. 여기에는 투약 알림, 옷 입기, 기타 개인 업무 처리 등 일상생활 활동 지원이 포함된다.

메모리 케어 유닛에서는 알츠하이머나 기타 치매 환자에게 안전하고 편안한 환경을 제공하며, UCF의 의과대학 및 간호대학, 보건공공대학(UCF's College of Health and Public Affairs)과 협력하여 최고 수준의 치료를 제공한다. 전문 간호 시설에서는 장기 요양 서비스와 UCF의 간호대학(UCF's College of Nursing)에서 관리하는 전문 간호 프로그램이 제공된다.

---

11) Ziegler. (December 31, 2016). LEGACY POINTE AT UCF.

Legacy Pointe at UCF 독립생활 주거 내부(상단)와 공용 구역

거주자들은 공용 구역 내에 있는 식당 2개, 비스트로/바, 살롱, 피트니스 센터, 강당, 예술 스튜디오, 요가실, 다목적실 등의 다양한 편의시설을 자유롭게 이용할 수 있다. 또한, 수영장 건물, 주차장 건물, 상업용 주방, 세탁실, 2층 식당 및 미용실, 경비 초소, 그리고 총 2KW 용량의 두 개의 발전기가 포함된 시설도 갖추고 있다.

● UCF와의 연결

레거시 포인트는 UCF와 긴밀하게 협력하여 거주자들에게 다양한 평생교육 기회를 제공한다. 거주자들은 UCF 의과대학과 협력하여 건강, 웰빙, 영양에 대한 교수와 학생들의 발표를 듣거나 의학 연구 세미나에 참석할 수 있다. 또한, 의대생들이 수행하는 의학 실습 연구 프로젝트와 노인병 및 전문 치료 프로그램에 참여할 기회를 얻는다.

UCF 과학 대학에서는 거주자들에게 수업에 참석하거나 연구 프로젝트에 참여할 기회를 제공한다. UCF 공학 및 컴퓨터 과학 대학(UCF's College of Engineering and Computer Sciences, CECS)은 거주자들에게 노인 친화적 기술 교육을 제공하여 컴퓨터나 응용 프로그램 사용을 돕는다.

거주자들은 CECS 학생들에게 멘토 역할을 하거나 초청 연사로 참여할 수 있고, 노인 재활, 이동 및 접근 관련 연구에 참여할 수 있다. 또한, UCF 학생 ID카드를 받아 대학 강의나 학술 발표에 참석할 수 있으며, UCF 축구, 농구, 야구 시즌 티켓 구매 시 기본 가격에서 20% 할인 혜택을 받을 수 있다. 골드 패스 구입과 정기 교통편 이용 등의 추가 혜택도 제공된다.

● 비용

2024년 기준으로, 1 베드룸 아파트의 입주비는 $335,234부터 시작되고, 월 생활비는 $3,900부터 시작된다. 2 베드룸 아파트의 입주비는 $473,954, 월 생활비는 $5,169부터 시작된다. 빌라의 경우 입주비는 $688,970, 월 생활비는 $6,633부터 시작된다(90% refundable single / 80% refundable couple 조건).

Legacy Pointe at UCF 비용

2024 PRICE RANGES
Legacy Pointe at UCF

FLOOR PLAN OPTIONS	ENTRANCE FEE	MONTHLY SERVICE FEE
1 Bedroom Apartment	starting at $335,234	starting at $3,900
1 Bedroom Den Apartment	starting at $403,438	starting at $4,847
2 Bedroom Apartment	starting at $473,954	starting at $5,169
3 Bedroom Apartment	starting at $693,593	starting at $6,399
Villa	starting at $688,970	starting at $6,633
Second Person Fee	N/A	$1,496

90% refundable single / 80% refundable couple

출처: Legacy Pointe at UCF 제공

캠퍼스 밖에 있는 UBRC

유형 ③ 인근에 위치한 대학과 협력하는 UBRC

Longhorn Village

소재지	12501 Longhorn Pkwy, Austin, TX 78732
면적	56 acres
세대 규모	310 (독립생활 : 214, 생활보조 : 20, 간호 서비스 : 60, 기억 관리 : 16)
준공(개업) 시기	2009년
운영사	Brazos Presbyterian Homes
연령	62세 이상
Entrance fee	$445,000 ~ $1,597,000

● 특징

Longhorn Village(이하 롱혼 빌리지)[12]는 텍사스 대학교(The University of Texas, 이하 UT)의 동창회(The Ex－Students' Association of The University of Texas, 이하 Texas Exes)와 CRSA(LCS 회사)가 공동으로 개발한 비영리 CCRC로, 2009년에 개장하였다. 이곳은 텍사스 오스틴 호수와 트래비스 호수 사이의 텍사스 힐 컨트리(Hill Country)에 위치하며, 오스틴 시내와 텍사스 대학교(UT) 캠퍼스에서 약 25마일 떨어져 있다. 롱혼 빌리지는 UT 동창회(Texas Exes)와 강

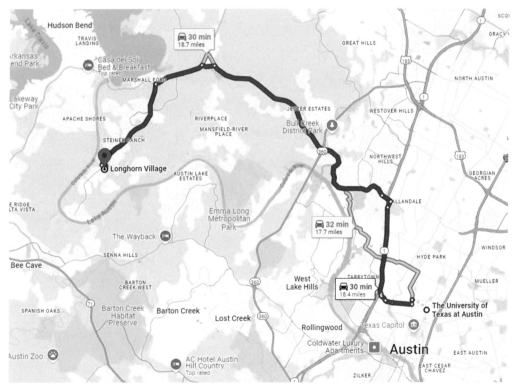

Longhorn Village와 텍사스 대학교의 접근성

---

12) Longhorn Village website, https://www.longhornvillage.com/

한 제휴 관계를 유지하고 있지만, CRSA와의 파트너십은 더 이상 지속되지 않는다. 2018년 UT 동창회는 롱혼 빌리지의 운영권을 Brazos Presbyterian Homes에 넘겼으며, 현재 롱혼 빌리지는 UT 동창회와 독점적 제휴를 유지하면서도 UT 동창회나 UT의 재정 지원 없이 독립적 재정을 유지하고 있다. 롱혼 빌리지는 UT 동창회와 제휴한 유일한 은퇴자 커뮤니티이다.

● CCRC 기능

롱혼 빌리지는 독립생활 주거, 생활보조 주거, 간호 서비스 주거 및 메모리 케어를 제공하는 CCRC이다. 이곳은 214개의 독립생활 주거(173개의 아파트와 41개의 빌라), 20개의 생활보조 주거와 16개의 메모리 케어 유닛, 그리고 60개의 전문 간호 침대를 갖추고 있다. 독립생활 주거에서는 주간 하우스키핑, 공용 공간 유지 보수, 쓰레기 치우기 같은 서비스가 제공되며, 생활주거 거주자들은 24시간 대기하고 있는 간호사 및 간호보조원들의 도움을 받을 수 있다. 건강관리 센터 안에는 전문 간호 시설인 'Casa Mesquite'가 있어 장단기 전문 간호가 필요할 때 이용할 수 있으며, 노인 재활 서비스도 제공한다.

롱혼 빌리지에는 식당, 카페, 극장, 도서관, 미용실, 네일 살롱, 건강센터, 현장 의료 클리닉, 수영장, 피트니스 센터, 예배실/명상실, 다목적실 등 다양한 편의시설이 갖춰져 있다. 이곳에 거주하려면 최소 62세 이상이어야 하고, 약 300명의 독립생활 거주자가 생활하고 있으며 96% 이상의 높은 점유율을 유지하고 있다.

Longhorn Village 아파트 내부(왼쪽)와 빌라 외관

UT와의 연결

롱혼 빌리지는 재정적으로 UT와 독립되어 있지만, UT 동창회와 의 독점적인 관계를 통해 UT와 연결된 다양한 혜택을 제공한다. UT 동창회 구성원들은 롱혼 빌리지의 이사회에서 역할을 맡아 대학과의 공동 프로그램을 조정하거나 재정 관련 조언을 하고 있어 롱혼 빌리 지 거주자들은 UT와 관련된 다양한 서비스를 누릴 수 있다. 많은 사 람들이 UT와의 관계 때문에 롱혼 빌리지를 선택하며, 현재 거주자의 약 35%가 UT 졸업생이거나 전직 교직원이다.

롱혼 빌리지 거주자들은 UT 교수진의 강의와 Butler School of Music 학생들의 공연에 참여할 수 있고, UT 도서관도 이용이 가능하 다. 또한 거주자들은 UT Austin 캠퍼스에 있는 오셔 평생학습 연구소 (Osher Lifelong Learning Institute at UT Austin, UT OLLI)의 프로 그램에 참여할 수 있는데, 롱혼 빌리지에서 교통편을 제공하며, 프로 그램 등록 시 소정의 수수료가 발생한다. 그 외에도 UT의 Texas Union을 통해 비공식 수업의 할인, UT 공연 예술 행사 및 스포츠 이벤트 티켓 할인도 받을 수 있다. Texas Exes의 테일게이트 파티와 같은 사교 행사나 Flying Longhorns와 함께하는 당일 여행 및 해외 원정 경기에 참여할 수 있다. UT의 간호학과 학생들은 롱혼 빌리지의 건강 프로그램에 참여할 수 있는 기회가 주어진다.

● 비용

입주비는 1인의 경우 약 $445,000에서 $1,597,000 사이이며, 2인의 경우는 약 $460,000에서 $1,612,000이다. 월 이용료는 단독 거주일 경우 $4,038~$7,910, 두 명이 거주하는 경우 $5,643~$9,515이다.[13]

---

13) myLifeSite. Retirement Community Reports.

고령친화대학
Age-Friendly University

UN이 2024년 7월 11일에 발표한 '2024 세계인구전망 보고서'에 따르면, 전 세계 인구는 이미 고령화사회에 진입했으며 2039년에 고령사회, 2070년에 초고령사회에 접어들 것으로 예상된다.[1] 특히 2100년까지 전체 고령인구 중 80대 이상 인구 비중이 2023년 19.8%에서 2100년 38.9%로 크게 증가할 것으로 예측되어 인구 구조의 역피라미드화가 가속화될 전망이다.[2]

●● 지역별 고령화 단계 진입 시점

구분	고령화	고령	초고령
세계	2002년	2039년	2070년
아프리카	2059년	2096년	2100년~
아시아	2012년	2035년	2054년
유럽	1950년 이전	1996년	2023년
중남미	2012년	2037년	2053년
북미	1950년 이전	2014년	2029년
오세아니아	1950년 이전	2026년	2058년

출처: 현대경제연구원(2024). 세계 인구구조 분석-UN의 '2024년 세계인구전망보고서'를 중심으로-. p.9.

이처럼 인구 구조가 성장에 부담이 되는 인구 오너스(Onus) 시기에 들어서면서 많은 선진국들은 고령화 문제를 범국가적 위기로 규정하고, 효과적으로 대응하기 위해 지역사회 기반의 고령 친화적 정책들을 펼치고 있다. 2000년부터 시작된 캐나다 캘거리의 고령 친화적 지역사회 프로젝트(Elder Friendly Community Project), 2002년에

---

[1] 전체 인구에서 65세 이상이 차지하는 비중이 7% 이상이면 '고령화사회', 14% 이상은 '고령사회', 20% 이상은 '초고령사회'로 구분된다.
[2] United Nations. (2024). World Population Prospects 2024 - Summary of Results.

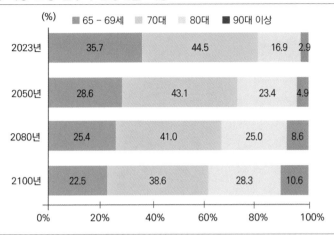

●● 65세 이상 고령 인구의 연령대별 비중

(%) ■ 65 - 69세 ▨ 70대 ▨ 80대 ■ 90대 이상

연도	65-69세	70대	80대	90대 이상
2023년	35.7	44.5	16.9	2.9
2050년	28.6	43.1	23.4	4.9
2080년	25.4	41.0	25.0	8.6
2100년	22.5	38.6	28.3	10.6

출처: 현대경제연구원(2024). 세계 인구구조 분석-UN의 '2024년 세계인구전망보고서'를 중심으로-. p.9.

발표된 UN의 '고령화에 관한 마드리드 국제행동계획(Madrid International Plan of Action on Ageing)', WHO가 2007년부터 추진해 오고 있는 고령친화도시 국제네트워크(Global Network of Age-friendly Cities & communities, GNAFCC) 등이 그것이다. 이 정책들의 시사점은 고령화 문제를 해결하기 위해서는 중앙정부 같은 단일 주체나 단편적 대책만으로 해결이 어려우며, 지역사회 내 다양한 기관과의 협력을 통한 고령 친화적 인프라 및 생태환경 구축이 필요하다는 것이다. 특히, 지역사회 참여라는 점에서 지역의 핵심 교육 및 연구기관인 대학의 고령 친화적 역할에 무게가 실리고 있다. 지역사회의 고령화 대책은 지역사회 고유의 특성에 따라 상이하므로 민간 영역의 적극적인 참여가 필수적인데, 특히 대학은 지역사회를 기반으로 고령화와 관련된 다양한 주제들을 통합적이면서 전문적으로 다룰 수 있는 강점을 갖고 있다. 즉, 대학은 대학이 보유한 인적·물적 인프라를 바탕으로 고령화 문제를 효과적이고 집약적으로 해결할 수 있는 중추 기관인 것이다(임진섭 외, 2017).

저출산·고령화 시대에 학령인구의 급격한 감소는 대학들의 존

립에 영향을 미치고 있고, 대학들의 재정 건전성 악화가 비단 대학만
의 존폐 문제로 끝나는 것이 아닌 지역사회 발전을 저해하는 요인이
될 수 있다는 점에서 대학 역할의 재정립뿐만 아니라 고령친화대학
(Age-Friendly University, 이하 AFU)에 대한 고찰이 필요해 보인다.

고령친화대학(Age－Friendly University, 이하 AFU)은 고령에 친화적(Age－Friendly)인 대학을 뜻한다. AFU의 개념에 대한 학자들의 정의는 조금씩 다르지만, 일반적으로 AFU는 대학이 보유한 전문성과 유·무형의 자원을 활용하여 지역사회 고령화 문제에 적극적으로 대응하고, 고령자의 활동적 노화(Active Aging)를 위해 지역사회와 협력하여 고령 친화적 환경을 구축하며, 대학과 고령자 사이의 발전적 이익과 상생(相生)을 도모할 수 있는 연령 통합적 대학 모델을 의미한다. 즉, AFU는 대학의 전통적 역할인 연구와 교육뿐만 아니라 문화, 여가, 스포츠, 복지, 일자리 등의 다양한 프로그램을 지역사회 고령자들에게 제공하여 대학과 고령자 모두에게 이익을 주는 방식으로 운영되는 것이다(임진섭 외, 2020).

AFU는 고령화사회의 요구를 반영하여 고령층에게 교육, 연구, 봉사, 참여 기회를 제공하여 그들의 삶의 질을 높이고, 평생학습을 촉진한다. 이를 통해 세대 간의 지식과 경험 교류를 장려하며, 대학이 초고령사회에 어떻게 대응해야 할지를 재정립하는 데 초점을 맞추고 있다.

전통적으로 대학은 교육, 연구, 봉사 등과 같은 기능을 수행하는 기관이었지만, 최근에는 노인인구가 가파른 속도로 증가하고 학령인구는 감소하면서 대학도 변화하는 환경에 맞춰 적응해야 할 필요성이 커지고 있다. 학교와 직업 간의 연계를 강화하는 산학협력이 중요해졌고, 대학 특성 및 역할에 따라 기능을 분화시키는 등 여러 환경변화에 적극적으로 대응하도록 요구받는 현실이다. 대학은 전통적인 역할을 넘어서 지역사회와 더 긴밀하게 협력하고, 지역 특성과 요구에 맞춘 역할을 수행할 필요가 있다. 또한, 지식기반 사회에서 중·고령 인구에 대한 평생교육이 중요해지면서 대학은 지역사회의 여러 주체들과 협력하여 고령 친화적 역할을 수행해야 한다는 요구가 커지고 있다(신혜리 외, 2018).

이런 AFU는 대학의 설립 목적 또는 비전, 대학이 위치한 해당 지역사회의 특성과 같은 제반사항이 모두 상이하여 여러 유형으로 파생될 수 있다(신혜리 외, 2018).

- **지역사회 고령친화 거버넌스 참여형**

대학이 세계보건기구(WHO)의 고령친화도시 정책에 참여하여 지역사회와 협력하는 형태로, 지자체의 고령친화와 관련한 의제에 의사결정 및 전달체계의 핵심 주체로써 주도적인 참여와 핵심적 역할을 수행한다. 대표적인 사례로, 더블린 고령친화 전략(Dublin City Friendly Strategy)에 참여하는 더블린 시립 대학교(Dublin City University, DCU)가 있다.

- **연령 통합적 교육 중심형**

대학이 고령자들을 위해 다양한 형태의 교육 기회(학위, 비학위 등)를 제공하고, 초고령사회에 대비한 전문인력을 양성하는 모델이다. 뉴욕시 고령친화대학 모델(Age-Friendly Schools, Colleges, and Universities, AFSCU)이 대표적 사례이다.

- **고령친화 R&D 중심형**

대학이 고령화와 관련된 연구나 산학기능을 집중적으로 육성·강화하여 대학 경쟁력 제고는 물론 수익 창출까지 도모하는 모델이다. 수익 창출 측면에서 대표적인 사례로 대학연계형 은퇴주거단지(UBRC), 일본의 College Link 등이 있다.

AFU 개념은 2012년 아일랜드의 더블린 시립 대학교(Dublin City University, 이하 DCU)에서 처음 시작되었다. 이는 고령층의 요구와 관심을 충족하기 위해 대학이 할 수 있는 역할을 인식하면서 출발[3]하였고, DCU가 중심이 되어 전략적으로 개발되고 시범 운영되었다(Talmage et al., 2016).

DCU는 미국의 애리조나 주립 대학교(Arizona State University, 이하 ASU), 영국 스코틀랜드의 스트라스클라이드 대학교(University of Strathclyde)와 협력하여 '고령친화대학 10대 원칙(10 Principles for Age-Friendly University)'을 개발·공표하였다(임진섭 외, 2017). 이 원칙은 세계보건기구(WHO)의 고령친화도시 프로그램을 보완하는 역할을 하며, 현재 고령 친화적 생태계의 핵심 요소로 사용되고 있다.

대학들이 AFU 10대 원칙을 채택하고 이를 홍보하면서, 성장하는 AFU 운동(movement)을 더 체계적으로 조직하고 운영할 기구에 대한 필요성이 커졌다. 이에 따라 DCU와 ASU, 스트라스클라이드 대학교는 AFU 글로벌 네트워크(AFU Global Network, 이하 AFUGN)를 설립하였다. AFUGN은 고령자들이 대학교육에 더 쉽게 접근할 수 있도록 돕는 글로벌 단체로, 2012년부터 2023년까지 DCU가 리더십을 발휘하였으며, 이후 ASU와 스트라스클라이드 대학교가 이를 이어받았다. 지금도 많은 대학들은 AFU 글로벌 네트워크에 가입하여

---

3) THE UNIVERSITY OF RHODE ISLAND. URI's Age-Friendly University.

AFU 10대 원칙(Ten Principles)을 지지하고, 고령 친화적 교육 프로
그램과 정책을 도입하고 있다.

AFU 글로벌 네트워크 회원 지역

출처: Age-Friendly University Global Network

AFU 글로벌 네트워크에 가입한 대학의 수는 2020년 71개(임진섭 외, 2020)에서 2024년 8월 현재 110개 이상으로 증가하였다. 그중 미국의 AFU 지정 대학 수는 74개로 가입 나라 중 가장 많으며, 국내에서는 배재대학교가 AFU 글로벌 네트워크에 가입해 있다.[4]

미국(상단)과 아시아 회원 기관

— Arizona	— Maryland	— Ohio
Arizona State University	University of Maryland, Baltimore	University of Akron
University of Arizona		Miami University
	University of Maryland Baltimore County	
+ California		
+ Colorado	+ Massachusetts	+ Oklahoma
+ Connecticut	⊢ Michigan	+ Oregon
+ Florida	+ Minnesota	+ Pennsylvania
+ Georgia	+ Mississippi	+ Rhode Island
+ Illinois	+ Missouri	+ Tennessee
+ Indiana	+ Montana	+ Texas
+ Kansas	+ Nebraska	+ Utah
+ Kentucky	+ New Hampshire	+ Vermont
+ Louisiana	+ New Jersey	+ Virginia
+ Maine	+ New York	+ West Virginia
	+ North Carolina	+ Wisconsin

South Korea

Paichai University

Philippines

University of the Philippines

Hong Kong Special Administrative Region of the People's Republic of China

The Chinese University of Hong Kong

출처: Age-Friendly University Global Network

---

4) Age-Friendly University Global Network

고령친화대학(AFU)의 10대 원칙은 다음과 같다.

●● 고령친화대학(AFU) 10대 원칙

원칙	내용
1	교육 및 연구 프로그램을 포함한 대학의 모든 핵심 활동(core activities)에 대한 고령자들의 참여를 장려한다.
2	고령자들의 인생 후반기의 개인 및 경력 개발을 촉진하고, 제2의 경력(second careers)을 쌓고자 하는 사람들을 지원한다.
3	일찍 학교를 중퇴한 고령자(early school-leavers)부터 석사 또는 박사 학위 취득을 원하는 고령자들의 교육 요구의 범위(the range of educational needs)를 인식한다.
4	모든 연령대의 학습자 간에 전문지식을 상호 공유할 수 있도록 세대 간 학습(intergenerational learning)을 촉진한다.
5	고령자를 위한 온라인 교육 기회(online educational opportunities)에 대한 접근성을 확대하여 다양한 참여 경로를 보장한다.
6	대학의 연구 의제(research agenda)가 고령화사회의 요구에 따라 결정되도록 하고, 고등교육이 고령자들의 다양한 관심사와 요구에 더 잘 대응할 수 있는 방법에 대한 대중의 담론을 장려한다.
7	장수가 주는 이익(longevity dividend)과 고령화가 우리 사회에 미치는 복잡성(complexity) 및 풍요로움(richness)에 대한 학생들의 이해를 높인다.
8	고령자가 대학의 건강 및 웰빙(health and wellness) 프로그램과 예술 및 문화 활동에 대한 접근성을 높이도록 한다.
9	대학은 대학 자체의 은퇴 커뮤니티(retired community)를 적극적으로 발전시킨다.
10	대학은 고령자의 이익(interest)을 대변하는 조직과 정기적인 대화(dialogue)를 보장한다.

출처: Age-Friendly University Global Network

AFU의 10대 원칙을 통해 AFU가 추구하는 역할 및 목표를 알 수 있다.

● 고령층을 위한 평생학습 기회 제공

고령층은 은퇴 이후에도 지속적으로 새로운 지식과 기술을 습득하며 사회 구성원으로 참여할 수 있는 기회를 가져야 한다. AFU는 다양한 교육 프로그램과 학습 기회를 고령층에게 제공하여 고령층의 지속적인 학습 욕구를 충족시키고, 이들이 변화하는 세상에 잘 적응하고 사회에 능동적·적극적으로 참여할 수 있도록 돕는다. 이를 통해 고령층의 사회적 고립을 줄이고 지역사회 일원으로 연대감을 증진시킬 수 있다. 평생교육은 고령층의 자아실현 욕구를 충족시킴은 물론, 고령층의 정신적·정서적 건강을 향상시키는 데 기여한다.

● 고령화와 관련된 연구를 통해
● 고령사회에서 발생하는 문제 해결

AFU 대학들은 고령사회에서 발생하는 다양한 문제들을 해결하기 위해 고령화와 관련된 연구에 중점을 두고 있다. 인구 고령화로 인한 사회·경제적 부담, 노인 돌봄 문제, 치매 예방 및 관리, 노인 일자리 창출, 고령 친화적 주거환경 조성 등 다방면의 이슈에 대해 연구하고 프로젝트를 수행한다. 이런 연구 활동은 고령층의 삶의 질을 직접적이면서 실질적으로 향상시킬 수 있는 방법을 모색하고, 정책 수립 및 제도 개선에 중요한 기초 자료를 제시할 수 있다.

세대 간 교류 프로그램을 운영하여 세대 간의 이해와 협력 촉진

세대 간 갈등은 고령사회에서 점점 더 중요한 이슈로 부각되고 있다. 이를 해결하기 위해 AFU는 세대 간 프로그램을 운영하여 젊은 세대와 고령층 사이의 이해와 소통을 유도한다. 고령층과 젊은 세대가 각자의 지식과 경험을 공유하고 생각을 교류할 수 있는 장을 제공하여 서로에 대한 이해를 높이고, 다각적인 학습 경험 및 사고 확장의 기회를 통해 학습 시너지를 극대화한다. 세대 간 교류는 단순히 지식과 경험을 나누는 것을 넘어, 서로 다른 세대가 함께 문제를 해결하고 공동체 의식을 증진시키는 데 중요한 역할을 한다. 이 과정에서 고령층은 자신의 경험을 바탕으로 젊은 세대에게 가르침을 전수하고, 젊은 세대는 새로운 지식 및 관점으로 고령층에게 영감을 줄 수 있는 것이다.

지역사회와의 협력 강화

AFU는 고령층이 지역사회에서 도태되지 않고 적극적으로 활동할 수 있도록 지역사회와의 협력에 집중한다. AFU와 지역사회의 협력은 고령층을 위한 프로그램과 서비스 등을 보다 효과적으로 제공할 수 있게 하고, 이를 통해 고령층은 지역사회와 긴밀하게 연결될 수 있으며, 여러 경로 안에서 그들의 역할을 확대하여 지역사회에 긍정적인 영향을 미칠 수 있는 것이다. 일례로, 메릴랜드 대학교 볼티모어 캠퍼스(University of Maryland, Baltimore)는 Interprofessional Care Transitions Clinic(ICTC) 프로그램을 통해 의료, 간호, 사회복지 분야의 학생들이 협력하여 지역사회 내 고령층에게 맞춤형 건강 관리 서비스를 제공하고 있다. 이 프로그램은 지역사회 고령층의 건강 상태를 모니터링하고, 병원 재입원을 예방하기 위한 통합적 돌봄 제공을 목적으로 한다. 또한, 지역사회에 있는 고령층과 대학 간의 연결을 강화하기 위해 커뮤니티 참여 프로그램을 운영하며, 고령층이 지역사회 활동에 적극적으로 참여할 수 있도록 지원하고 있다. 이러한 활동은 고령층이 지역사회에서 독립적으로 생활하면서도 필요한 도움을 받을 수 있도록 돕는 중요한 역할을 한다.

● 고령층이 사회의 구성원으로서 그 역할을 ● 지속적으로 수행할 수 있도록 장려

고령층은 은퇴 후에도 자신의 경험과 지식을 활용하여 사회에 기여할 수 있는 여러 방법들이 있는데, AFU가 그 기회를 제공한다. 고령층의 사회적 참여는 고령층 자신의 삶의 질적 향상 및 사회에 기여하고 있다는 내적 만족도를 높이고, 지역사회 측면에서 사회적 다양성과 포용성을 높여 통합을 도모할 수 있는 기반이 된다. 영국의 스트라스클라이드 대학교(University of Strathclyde)에서는 2017년 'The Age-Friendly Academy'를 설립하여 '5세부터 95세' 대학이 되는 것을 목표로 평생학습 기회 제공, 혁신적 연구, 세대 간 협력, 기술 향상 및 지역사회 참여 등의 활동을 이어 나가고 있다. 많은 활동 중 'Age-Friendly Academy Volunteer Network'가 있다. 50세 이상의 사람들이 지원할 수 있는 자원봉사자 네트워크로, 이들은 대학교 전반에서 진행되는 다양한 자원봉사 기회나 연구 활동에 참여할 수 있다. 고령층은 고령화와 관련된 연구 참여와 같은 단기 프로젝트 또는 스코틀랜드의 불우 지역에 사는 젊은이들이 미래를 계획하고 영감을 줄 수 있도록 일대일 지원을 제공하는 세대 간 멘토링 네트워크라는 장기 자원봉사 기회에 참여하면서 대학교 및 지역사회에서 활발히 활동할 수 있다.

AFU의 개념과 10대 원칙, 그리고 AFU가 추구하는 역할 및 중요성에 대해 살펴보면서 AFU가 지역사회에 존재함으로써 고령자들을 위한 가치가 더 명확해짐을 알 수 있다. 특히, AFU의 10대 원칙을 기반으로 한 활동 사례를 보면 이를 이해하는 데 도움이 될 것이다. 이에 따라, AFU 글로벌 네트워크에 가입한 대학들 중 AFU 가치를 구체적 활동으로 실현하고 있는 대학들을 중심으로 살펴보고자 한다.

아일랜드, 더블린 시립 대학교(Dublin City University, DCU)

DCU[5]는 아일랜드 더블린(Dublin, Ireland) 북쪽에 있는 대학교로, AFU의 선구자적인 역할을 수행한 대학교이다. DCU는 AFU의 10대 원칙을 통해 고등교육 기회를 이용하고 고령화를 긍정적이며 건강한 방식으로 지원하여 고령친화대학 가치를 유지하는 데 힘쓰고 있다. AFU의 10대 원칙에 따라 이루어진 DCU의 고령 친화적인 활동은 다음과 같다.[6][7][8]

원칙 1 교육 및 연구 프로그램을 포함하여 대학의 모든 핵심 활동에 노인들의 참여를 장려한다

AFU는 많은 연구 프로젝트에 부가 가치를 제공하며, PPI(환자 및 공공 참여)와 고령 연구 참가자의 모집을 위한 중요한 자원으로 인식되고 있다. DCU는 AFU 연구 지원 역할로서 다음과 같은 활동을 진행하였다.

NEX project(2019/진행 중)

NEX 프로젝트는 노인들이 가능한 오랜 시간 집에서 독립적으로 지낼 수 있도록 하는 기술 솔루션을 개발하고 간병인이 고령자를 비침입적인 방식으로 돌볼 수 있도록 하는 것으로, 이 프로젝트에 환자 및 공공 참여(PPI) 운영 그룹 구성원들의 모집과 사용자 요구 및 요구 사항 연구의 공동 설계를 위한 참가자 모집을 지원하였다.

---

5) Dublin City University website, https://www.dcu.ie/
6) Dublin City University. (2022). DCU Age－Friendly University Activities Review 2016－2021.
7) Dublin City University. (2023). DCU's Age－Friendly University Activities 2023.
8) DCU Age Friendly University

CAPTAIN project(2019/진행 중)

CAPTAIN e-코칭 프로그램은 노인을 위한 스마트 홈 어시스턴트를 제공하기 위해 마이크로 프로젝터를 사용하는 Coach Assistant via Projected and Tangible Interface로, CAPTAIN 워크숍 참가자를 모집하는 역할을 수행하였다.

TRACEUS(2021/2023)

스마트폰을 사용한 유럽의 전통, 레시피, 요리(Traditions, Recipes and Cuisines of Europe using Smartphones, TRACEUS)는 DCU AFU가 주도하는 2년간의 유럽 횡단 프로젝트로, 아일랜드, 키프로스, 프랑스, 스페인, 불가리아, 벨기에 등 5개국이 참여하였다. 이 프로젝트는 모바일 기술을 학습 도구로 활용하여 유럽 요리와 관련된 전통 및 레시피의 데이터베이스를 개발하고 큐레이션하는 것을 목표로 하였다.

원칙 2 인생 후반기의 개인 및 경력 개발을 촉진하고 '제2의 경력'을 추구하는 사람들을 지원한다

Springboard+ Courses(2021)

이 과정들은 사람들이 일반 학위보다 저렴한 비용으로 대학 자격을 얻을 수 있게 해준다. 이미 취업 중인 사람들, 구직자들, 이전에 자영업을 했던 사람들, 그리고 교육으로 복귀하고자 하는 사람들 모두 들을 수 있다.

Supported work placements(2018/2019)

회계 보조원으로서 제2의 경력을 희망하는 AFU 참가자는 DCU

AFU를 통해 취업 기회를 찾았고, 6개월 동안 직장 배치를 수행한 이후 대학교에서 고용 계약을 맺었다.

원칙 3 과 원칙 5 고령자들의 교육적 요구 범위를 인식하고, 온라인 교육 기회에 대한 접근성을 확대한다

Zoom 및 스마트폰 교육(2020/21)

DCU AFU는 2020년 COVID−19 팬데믹 동안 한 시간짜리 Zoom 교육 세션을 여러 차례 제공하였고 1,300명이 교육을 받았다. 이 교육 세션을 통해 사람들은 Zoom 사용법을 배우고 DCU의 교육 기회에 더 많이 참여할 수 있게 되었다.

Taste of DCU

이 연례행사는 250명 이상의 노인들을 DCU로 초대하여 강의, 워크숍, 캠퍼스 투어에 참여하게 하고 고령친화대학인 DCU가 제공할 수 있는 부분을 체험할 수 있게 한다. 이 행사는 2013년부터 매년 개최되어 오고 있다.

Love of LifeLong Learning 프로그램

DCU는 평생학습 프로그램을 통해 다양한 맞춤형 강의를 제공하고 있다. Exercise Science Across the Life Course에서는 운동 생리학, 피트니스 구성 요소, 생체역학, 심리학, 운동 학습, 건강 증진, 신체 이해, 영양학 등과 같은 분야의 핵심 개념을 소개하고 인생 전반에 건강과 운동을 적용할 수 있는 방법을 제시하고 있다. Painting Class, Print Making, 스페인어 초급 과정, 이탈리아어 초급 과정, 불어 회화 과정, 역사 강의, 세계사, 창작 글쓰기, 심리학과 웰빙 등과 같은 다양한 강좌를 개설하여 고령자가 원하는 과정을 직접 선택할 수 있도록 한다. 대부분의 강의는 6~8주로 구성되고, 비용은 €80부터 시작한다.

강의 수강

다양한 학부 과정에서 과목 개설이 되어 지역사회 고령자들은 원하는 과목을 선택하여 수강할 수 있다. 영어(ENGLISH), 신학·철학·음악(THEOLOGY, PHILOSOPHY AND MUSIC), 건강과 인간의 성과(HEALTH AND HUMAN PERFORMANCE), DCU 경영대학원(DCU BUSINESS SCHOOL), 인간 개발(HUMAN DEVELOPMENT), 간호·정신과 및 건강(NURSING, PSYCH & COMM HEALTH), 법과 정부

2024년 9월~12월 1학기 수강 과목

Modules 2024 Semester 1 September to December

Choose a single module from a wide selection of undergraduate courses and experience university and campus life as it is today! Timetables are subject to change up to three weeks after the start date.

Module Owner	Code	Module Title
ENGLISH	LIT1017	Introduction to Fiction: Short Story and Novel
ENGLISH	LIT1018	Genre: The Tragedy-Comedy Complex
ENGLISH	LIT1023	Shakespeare and the English Renaissance
ENGLISH	LIT1002	Gender and Sexuality
ENGLISH	LIT1024	Romanticism
ENGLISH	LIT1025	19th Century Literature
ENGLISH	LIT1033	Irish Writing
ENGLISH	LIT1000	Irish Theatre
ENGLISH	LIT1038	Postmodernism
THEOLOGY, PHILOSOPHY AND MUSIC	RET1008	Introduction to Islam
THEOLOGY, PHILOSOPHY AND MUSIC	RET1004	Justice and Peace

출처: DCU Age Friendly University. (2024). Learning Opportunities DCU 2024.

(LAW AND GOVERNMENT), 커뮤니케이션(COMMUNICATIONS), 생명공학(BIOTECHNOLOGY), 역사와 지리(HISTORY AND GEOGRAPHY), 물리 과학(PHYSICAL SCIENCES), 화학 과학(CHEMICAL SCIENCES), 수학 과학(MATHEMATICAL SCIENCES) 등과 같은 많은 학부가 여러 과목을 개설하여 고령층의 학습 기회를 지원하고 있다. 강의를 수강하는 고령층에게 학생증과 DCU 학생 이메일이 발급되며, 강의 비용은 €120, 매주 2시간씩 8주 동안 진행된다.

원칙 4 와 원칙 7 세대 간 학습을 촉진하고, 장수가 주는 이익(longevity dividend)과 고령화가 우리 사회에 미치는 복잡성(complexity) 및 풍요로움(richness)에 대한 학생들의 이해를 높인다

EU 고령화 녹색 서한(Green Paper)에 대한 AFU의 세대 간 대응(2021)

DCU AFU는 EU 고령화 녹색 서한에 대해 세대 간 대응을 위한 협의 과정을 주관하였다. EU 고령화 녹색 서한을 소개하는 가상 정보 회의와 300명 이상의 DCU 직원, 학생 및 아일랜드 전역의 노인들이 참여한 온라인 워크숍으로 구성된 두 과정에서 협의 결과를 종합하여 보고서를 작성하고 제출하였다.

Global Intergenerational Week(2023)

DCU AFU는 Linking Generations(스코틀랜드)를 위한 국가적 캠페인을 주도하였고 영국, 미국, 유럽, 남미를 대표하는 리더들을 이끌었다. 이 캠페인의 목표는 개인, 정부 및 조직이 세대 간 실천을 수용하고 다양한 세대의 사람들을 연결하도록 영감을 주는 것이다. DCU가 주도한 여러 가지 국가적 행사들은 세대 간 참여를 촉진하기 위함으로 다음과 같은 활동을 지원하였다.

- 더블린시에서 함께 살아가며 배우기: AFU 유닛과 Localise(청소년 자원봉사 단체, Youth Volunteering) 그룹의 참가자들은 각 세대별로 더블린에서 살아가고 배우며 경험한 일들을 공유하고 비교하였다. 이 과정에서 사회적 변화가 현재 청소년들에게 미치는 영향을 탐구하였다.
- 세대 간 페인트 워크숍: 세대 간 그림 그리기 워크숍을 통해 참가자들은 서로의 관점을 이해하고 예술을 통해 소통하며 교류하였다.

DCU 리스닝 프로젝트(2016)

DCU 내 학생 개인의 웰빙과 도움 요청 등과 같은 행동을 장려하는 문화를 더욱 발전시키기 위한 프로젝트로, 훈련된 시니어 헬프라인 자원봉사자들은 익명에 기반하여 비밀을 보장하고 비판적이지 않은 태도로 학생 입장에서 도움을 제공하였다.

원칙 6 대학의 연구 의제가 고령화사회의 요구에 맞춰 정보를 제공받을 수 있도록 보장하고 더 높은 수준의 사회에 대한 대중 담론을 촉진한다

COVID-19: Age-Friendly Universities Seminar (2021)

DCU AFU는 AFU 글로벌 네트워크 회원들을 위해 'COVID-19: AFU에서의 적응과 혁신'을 주제로 하는 온라인 세미나를 주최하였다. AFU 글로벌 네트워크의 창립 파트너들이 참석하여 토론에 기여하였으며, 80명 이상의 참가자들이 참여하였다.

국제 여성의 날 워크숍(2020)

DCU AFU와 Silver Thread는 일련의 워크숍, 전시회, 그리고 책 출판 프로젝트를 공동으로 진행하였다. 워크숍에서는 가족과 지역사회에 영향을 미친 평범한 여성들의 비범한 삶을 기념하는 데 초점을 맞추었으며, 이후 DCU 오라일리(O'Reilly) 도서관에서 포스터 전시회가 열렸고 이후 포스터들은 책에 포함되었다.

원칙 8 고령자가 대학의 건강 및 웰빙(health and wellness) 프로그램과 예술 및 문화 활동에 대한 접근성을 높인다

MedEx(2014~2019)

MedEx는 지역사회 기반의 만성 질환 재활 서비스로, 폐 질환, 심장 질환, 말초 동맥 질환, 당뇨병 및 암 환자들을 대상으로 의료 감독 하에 신체 활동 수업을 제공하였다. MedEx는 처음에 DCU에서 운영되었으며, 현재는 지역사회로 이전하여 운영되고 있다.

Making Our Mark 프로젝트(2023)

마이클 플래너리 박사와 우나 맥케이브 박사가 'Making our Mark'라는 주제로 AFU와 협력하여 8주 과정의 수업을 진행하였다. 예술에서의 경이로움, 자기표현 및 평생학습을 기념하는 내용을 담고 있는 이 수업은 SHAPE(Social Health, Arts and Personal Education) 파일럿 연구 프로젝트의 일환으로, 예술이 웰빙에 미치는 영향을 조사하였다.

Active for Life 프로그램

이 프로그램은 고령자들이 최상의 건강, 체력, 최적의 삶의 질을 달성하는 데 도움을 주도록 설계된 운동 프로그램이다. 이 수업은 근육 긴장도 또는 탄력성, 힘, 유연성을 향상시키는 것에 중점을 둔 그룹 운동으로, 자세 개선과 전반적인 체력 향상에 도움을 주도록 설계되었다. 이 클래스는 모든 수준의 참여자를 대상으로 한다.

DCU in the Community

시민 참여 전략의 일환으로 2008년 6월 Ballymun Regeneration Ltd(BRL)와 협력하여 Ballymun 중심부의 Shangan Road 지역에 홍보 센터인 DCU in the Community를 설립하였다. Ballymun에 위치한 DCU in the Community는 대학과 지역사회를 연결하는 역할을

DCU in the Community

출처: DCU Civic Engagement. Welcome to DCU in the Community.

하는 아웃리치 센터(outreach centre)이다. 이 센터의 사명은 특히 고령자들을 포함한 North Dublin의 주민들에게 교육 기회를 제공하고, 대학에 진학할 기회를 얻지 못한 사람들의 접근성을 확대하며, 고등교육에서의 평등을 촉진하는 것이다. 2011년부터 DCU in the Community는 지역사회를 대상으로 다양한 워크숍과 과정을 제공하는 여름 학교(Summer School)를 운영해 왔다. 또한, 심리학, 디지털 미디어 과정을 비롯하여 성인 학습자들이 추가 교육을 준비할 수 있도록 돕는 'Bridge to Education' 과정을 제공하고 있다.

원칙 9 대학은 대학 자체의 은퇴 커뮤니티(retired community)를 적극적으로 발전시킨다

1838 클럽 은퇴자 라운지 및 연례 만찬

DCU의 은퇴 직원 라운지는 은퇴한 커뮤니티 회원들이 커피를 마시며 이전 동료들과 만날 수 있는 공간을 제공한다. 이곳에서는 캠퍼스의 최신 동향을 파악하고, 매월 책 클럽을 운영하며, DCU 인사부서는 은퇴한 DCU 직원들을 위해 연례 만찬을 주최한다.

FreeBird Club 방문(2019)

DCU AFU는 50세 이상의 사람들을 위한 사회적 여행 및 홈스테이 클럽인 FreeBird Club의 방문을 주최하였다. 이 클럽은 회원들끼리 자신의 여유 공간을 제공하고 이를 통해 다른 회원들이 숙박할 수 있도록 돕는 peer-to-peer 방식으로 운영되었다. DCU AFU 참가자들은 이 모임의 평생 무료 회원 혜택을 누릴 수 있다.

원칙 10 대학은 고령자의 이익(interest)을 대변하는 조직과 정기적인 대화(dialogue)를 보장한다

무료 컴퓨터 강좌(2017/19/20)

DCU AFU는 Third Age와 협력하여 지역사회에 무료 컴퓨터 강좌를 제공하였다. 이 프로그램은 '시민들의 온라인 활용 지원(Getting Citizens Online)'이라는 이름으로 DCU의 경영대학원 석사 과정인 Next Generation Management 학생들이 진행하였다. 인터넷, 이메일 및 온라인 쇼핑에 대한 기초 지식을 제공하는 이 과정은 세대 간 요소를 포함하여 진행되었으며, 지금까지 600명 이상의 사람들이 참석하였다.

DCU All Hallows 캠퍼스에서 개최된 노인 시민 의회 (2018)

아일랜드 시니어 시민 의회(Irish Senior Citizens' Parliament, ISCP)는 아일랜드의 노인들을 대표하는 조직으로, 이 의회는 정책 개발 및 의사 결정 과정에서 노인들의 의견을 반영하는 데 주력하였다. ISCP는 2018년부터 2021년까지 DCU All Hallows 캠퍼스에서 사무 공간을 제공받아 DCU가 지역사회의 현안을 파악하는 데 도움을 주었다. DCU AFU는 ISCP 집행 위원회의 일원으로 ISCP와 정기적으로 협력하고 있다.

배재대학교와 AFU 파트너십 회의(2019)

DCU는 배재대학교 임진섭 교수와 박명배 박사가 이끄는 배재대학교 방문을 주최하였고, DCU AFU와 배재대학교 간에 양해각서(MOU)가 체결되었다.

미국, 미시간 주립 대학교(Michigan State University, MSU)

MSU[9]는 미국 미시간주 이스트랜싱(East Lansing, Michigan)에 위치한 대학으로, 2019년 12월에 Age-Friendly University(AFU)가 되었다. AFU로 지정되기 위한 MSU의 노력은 MSU의 중심적인 고령화 허브 역할을 하고 평생 웰빙을 증진하기 위해 설립된 프로그램인 AgeAlive에 의해 시작되었다. AgeAlive는 MSU 정골의학(Osteopathic Medicine)대학의 가정의학 및 지역사회 의학과(Department of Family and Community Medicine) 내의 프로그램으로, 고령화 관련 연구를 수행하고 교육과 지역사회 봉사 및 참여, 소통 네트워크를 구축하며 고령화 관련 문제에 관심이 있는 사람들을 모으는 커뮤니티 파트너십을 형성하고 있다.[10]

---

9) Michigan State University website, https://msu.edu/
10) AgeAlive. Our Brochure.

MSU는 AFU의 기준을 충족하는 부분을 Evidence of Michigan State University(MSU) Meeting Age-Friendly University(AFU) Criteria(2018)라는 문건을 통해 제시하고 있다.

원칙 1 교육 및 연구 프로그램을 포함하여 대학의 모든 핵심 활동에 노인들의 참여를 장려한다

MSU 퇴직자 협회(MSU Retirees Association, MSURA)

월간 회의와 다양한 아웃리치 프로그램, 즉, 회의 및 강연 시리즈, 뉴스레터, 그룹 활동, 자원봉사 및 취업 기회, 시상 등을 통해 노년층과 적극적으로 소통한다.

MSU 명예교수 협회(MSU Faculty Emeritus Association, MSUFEA)

월간 점심 모임과 강연을 통해 노년층을 참여시킨다.

MSU 동문회(MSU Alumni Association)

동문 클럽, 행사, 동문 스토리, 경력 지원 센터, 옥스퍼드(Oxford) 온라인 교육 시리즈 등을 통해 노년층과 적극적으로 교류한다.

AgeAlive

AgeAlive는 MSU 고령화 관련 학문, 프로그램 및 이니셔티브를 연결하여 전 생애에 걸쳐 웰빙과 삶의 질을 향상시키고, 학생·교수진·지역사회 모두에게 긍정적인 영향을 미치기 위한 정골의학대학(College of Osteopathic Medicine) 프로그램이다. 주요 목표로는 AFU 인증 획득, MSU 내 모든 고령화 관련 활동의 검색 가능한 데이터베이스 구축, 정보 교환을 위한 중앙 허브 설립, 지역 단체와 협력하여 평생교육 기회, 은퇴 경로, 간병인 지원 등을 포함한 학생 및 노년층의 요구 충족 등이 있다. AgeAlive는 소통 허브에 참여하고, MSURA와 MSUFEA 및 기타 조직에 이사회 대표를 참여시키며, 교육 및 연구와 관련된 활동 등을 하면서 은퇴자 및 고령자들과 다양한 방식으로 교류한다.

AgeAlive
For Lifelong Wellbeing

Home | About | Butterfly Gardens | Research | Generations Connect | Town & Gown | Contact Us | Donate

About

AgeAlive is a recently established program within Michigan State University's College of Osteopathic Medicine. We seek to leverage and expand MSU's assets related to aging, including research, education, training, service and outreach spanning all disciplines across all MSU units that are addressing major aging issues. AgeAlive will establish, coordinate, and showcase a cohesive aging network that benefits all affiliates including students and community engaged partners, promotes holistic well-being throughout the lifespan, and is widely known and respected.

- Join all other Big10 and the majority of AAU Universities by establishing a cohesive, respected initiative focused on major aging issues through research, education, training, service and outreach.
- Establish a strong network of Affiliates that cross all status and sector boundaries to promote maximum inclusivity, diversity, and interdisciplinary/intergenerational aging-related research, service and educational opportunities.
- Enhance faculty and partner portfolios through identifying and affiliating with a clearly defined aging entity with access to a network of leaders, scholars, potential collaborators in all fields, and community members.
- Engage in active university-community partnerships to create environments that recognize and support a rich quality of life throughout the lifespan.
- Promote a holistic view of health, well-being, and quality of life that recognizes and supports the value of meaning, purpose, and the arts and humanities.
- Be a force for changing an anti-aging culture and promoting a positive "agescape" that values and respects persons of all ages.

출처: https://agealive.org/about/

원칙 2 인생 후반기의 개인 및 경력 개발을 촉진하고 '제2의 경력'을 추구하는 사람들을 지원한다

MSU Worklife Office(WLO)

부양가족 돌봄 지원, 생애 전반에 걸친 참여와 전환을 돕는 대학 전반의 은퇴 경로 위원회(Retirement Pathways Committee) 등과 같이 노년층을 지원하기 위한 다양한 프로그램을 제공한다. 이 위원회는 현재 은퇴를 앞두고 있는 관리자나 교수진이 의미 있는 은퇴 방법을 결정하는 데 도움이 되는 도구를 개발 중에 있다.

교육대학(College of Education, COE)

교수 경력 개발 분야에서 국제적으로 인정받는 전문지식을 보유하고 있다.

원칙 3 과 원칙 5 고령자들의 교육적 요구 범위를 인식하고, 온라인 교육 기회에 대한 접근성을 확대한다

MSU 동문회 Oxford 온라인 교육 시리즈

동문을 대상으로 제공되는 교육 시리즈로, 다양한 주제의 온라인 학습 기회를 제공한다.

MSURA 회의 및 강연 시리즈

MSU 퇴직자 협회에서 주최하는 정기적인 회의와 강연으로, 다양한 주제와 노년층의 관심 있는 내용들을 다룬다.

AgeAlive

IMPART Alliance와의 협력을 통해 유급 및 무급(가족) 간병인을 위한 교육 과정을 제공한다. 노년층의 평생교육, 연구, 문화, 예술 참여를 촉진하기 위한 강연 및 행사를 제공하며, 지역사회 구성원도 참여할 수 있다.

MSU Extension을 통한 고령화 관련 교육 프로그램

미시간 전역의 모든 카운티에 걸쳐 제공되는 교육 프로그램으로, 고령화와 관련된 다양한 주제를 다룬다.

원칙 4 와 원칙 7 세대 간 학습을 촉진하고, 장수가 주는 이익(longevity dividend)과 고령화가 우리 사회에 미치는 복잡성(complexity) 및 풍요로움(richness)에 대한 학생들의 이해를 높인다

AgeAlive

사회복지대학과 함께 고령화와 간병을 주제로 한 세대 간 커리큘럼을 개발하고, 이를 통해 세대 간 학습 및 상호작용을 증진시킨다. 고령자와 학생들에게 자원봉사 및 인턴십 기회를 제공하고 세대 간 지역사회 행사를 후원하는 등 세대 간 연결과 교류를 촉진하는 프로그램을 운영한다. 또한 예술 및 인문학 분야의 교수진과 협력하여 고령화 관련 세션을 개발하고, 다양한 고령화 관련 수업에서 기본 정보와 사회적 맥락을 제공한다.

MSU 60/50 고령화 소위원회 활동

세대 간 영화 제작 대회를 후원하였으며, 이 대회에서는 젊은 세대가 자신에게 중요한 노인을 인터뷰하는 5분짜리 영상을 제작하였다.

사회복지대학(School of Social Work)

매 학기 노년층과의 정신 건강, 질병 및 웰빙, 보호 서비스, 법적 문제와 노인 돌봄 등 사회복지를 주제로 한 세미나를 제공한다.

간호대학(College of Nursing)

노년층 간호 전문성을 키우기 위한 성인 노년 임상 간호 전문가 졸업 인증 과정을 제공한다.

원칙 6 대학의 연구 의제가 고령화사회의 요구에 맞춰 정보를 제공받을 수 있도록 보장하고 더 높은 수준의 사회에 대한 대중 담론을 촉진한다

연례 AgeAlive 포럼

고등교육이 노년층의 다양한 관심과 필요에 어떻게 더 잘 대응할 수 있는지 논의하는 공개 포럼을 매년 개최한다.

Levande 인증 프로그램

사회복지학부(School of Social Work)를 통해 제공되며, 노인학(Gerontology) 분야의 사회복지 실무자 및 리더를 위한 최상의 교육 경험 제공을 목표로 한다. 이 인증 프로그램은 개인, 가족, 지역사회의 강점을 식별하는 방법, 지역사회 기반 프로그램과 대안 서비스의 효과적인 활용을 강조하며, 이를 적합한 방식으로 제공하는 데 중점을 둔다.

Pearl J. Aldrich 노년학 기금(Endowment)

노년학 관련 프로그램에 대한 대학원생 및 교수진의 연구, 교육, 서비스 활동을 지원한다.

IMPART Alliance

정골의학대학(College of Osteopathic Medicine)을 통해 운영 중이며, 미시간 건강 기부 기금(Michigan Health Endowment Fund)의 지원을 받고 있다. 이 프로그램은 노인 돌봄 인력의 심각한 부족에 대응하기 위해 미시간 주에서 직접 돌봄 인프라를 구축하고 지원하는 데 중심을 두고 있다. 고품질 돌봄, 더 나은 임금, 더 큰 존중을 위한 교육 및 옹호를 목표로, 현재 가족 간병인, 기술 교육 프로그램을 통한 고등학생, 현재 및 미래 간병인을 위한 훈련으로 확대되고 있다.

원칙 8 고령자가 대학의 건강 및 웰빙(health and wellness) 프로그램과 예술 및 문화 활동에 대한 접근성을 높인다

음악대학(College of Music)

캠퍼스와 지역사회를 기반으로 한 노인들을 위해 다양한 기회를 제공한다. 그 예로, 커뮤니티 음악 학교(Community Music School, CMS)가 있으며, 모든 연령, 능력, 소득 수준의 사람들에게 프로그램을 제공하는 것을 목표로 한다. CMS는 Lansing 및 Detroit/Michigan 남동부 지역에서 음악 교육 프로그램, 포크 음악 수업, 세대 간 교육, 모든 연령대 성인을 위한 밴드와 오케스트라, 지역 노인 생활 시설에서의 무료 콘서트 등을 제공한다. CMS의 음악 치료 임상 서비스는 발달 장애인 및 노인들을 포함하여 지역사회의 특별한 도움이 필요한 사람들에게 음악 치료를 하고 있다.

MSU 와튼(Wharton) 공연예술센터

다양한 프로그램을 보유하고 있으며 모든 연령대를 대상으로 홍보 활동을 펼치고 있다. 시즌티켓 보유자들의 관심도를 파악하기 위해 정기적인 설문조사를 실시한다.

여가 스포츠 및 Health 4 U 프로그램

MSU는 은퇴자들을 위한 레크리에이션 스포츠와 건강 프로그램을 제공한다.

원칙 9 대학은 대학 자체의 은퇴 커뮤니티(retired community)를 적극적으로 발전시킨다

MSU의 대학연계형 은퇴주거단지(UBRC) 설립 가능성을 탐색 중이다.

원칙 10 대학은 고령자의 이익(interest)을 대변하는 조직과 정기적인 대화(dialogue)를 보장한다

AgeAlive 이사회 구성

AgeAlive의 이사회에는 AARP(미국 은퇴자 협회), East Lansing 고령 친화적 커뮤니티 계획 위원회, MSURA, MSUFEA, WLO, UBRC 대표들이 포함되어 있다.

AgeAlive의 협력 활동

AARP, East Lansing 고령 친화적 커뮤니티 계획 위원회, MSURA, WLO, Allen Neighborhood Center, East Lansing Primetime 및 노인들에게 삶의 풍요로움과 평생교육 기회를 제공하는 다른 지역사회 단체들과 함께 이벤트를 공동으로 주최하고 있다. AgeAlive 데이터베이스, 웹사이트, 이메일, 기타 채널 등 다양한 경로를 통해 MSU와 지역사회 단체 간의 정보를 공유한다.

🏠 캐나다, 프레이져 밸리 대학교(University of the Fraser Valley, UFV)

UFV[11]는 캐나다 브리티시 컬럼비아(British Columbia)주 Abbotsford(애버츠포드), Chilliwack(칠리와크), Mission(미션), Hope(호프)에 캠퍼스를 둔 공립 대학교이다. UFV는 2021년 고령화 교육 및 연구 센터(Centre for Education and Research on Aging, 이하 CERA)[12] 주도하에 AFU 지위를 달성하기 위한 이니셔티브를 추진하였고, 2022년 8월 브리티시 컬럼비아 최초의 AFU가 되었다. 2022년 봄에 AFU 감사(audit)를 시행하였는데, 이 감사는 UFV의 활동 및 이니셔티브 중 AFU의 10가지 원칙과 일치하는 부분을 식별하고 부족한 점이나 잠재적인 고령 친화적 기회를 파악하는 것을 목표로 하였다.

UFV의 AFU 최종 감사 Report[13]를 통해 어떤 고령 친화적 활동을 하는지 알아보자.

---

11) University of the Fraser Valley website, https://www.ufv.ca/
12) UFV. Centre for Education and Research on Aging.
13) University of the Fraser Valley. (2022). Age Friendly University Audit Final Report.

원칙 1 교육 및 연구 프로그램을 포함하여 대학의 모든 핵심 활동에 노인들의 참여를 장려한다

CERA(고령화 교육 및 연구 센터)의 역할

CERA는 AFU 이니셔티브의 주도적인 역할을 하며, 소속 교수들은 고령화 관련 연구 및 교육에 적극적으로 참여하고 있다. CERA는 지역사회 거주 노인들과 모든 연령의 UFV 학생들에게 연구 참여 기회를 제공하고 있는데, 최근 'UFV는 얼마나 고령 친화적인가?'라는 워크숍을 발표하며 고령화 문제를 부각시켰다.

지역사회 연계

UFV는 지역 노인 단체들과의 긴밀한 관계를 통해 노인들이 교육 및 연구 프로그램에 참여하도록 장려한다. 예를 들어, 엘더 컬리지(Elder College)는 UFV의 Chilliwack 캠퍼스에 행정 사무소를 두고 있어 엘더 컬리지 학생들과 직원들은 강의실 공간을 활용하고 젊은 학생들과 교류하며 교육 프로그램을 진행할 수 있는 지리적 이점을 누리고 있다.

원칙 2 인생 후반기의 개인 및 경력 개발을 촉진하고 '제2의 경력'을 추구하는 사람들을 지원한다

다양한 학위 및 자격증 제공

UFV는 개인 개발과 경력 발전의 기회를 위해 과학, 인문학, 간호, 교육 등 전문 학문 분야의 학사 학위와 다양한 자격증 및 디플로마(수료과정) 프로그램을 제공한다.

• **보건**: 활동 보조원(Activity Assistant), 간호 유닛 서기(Nursing

Unit Clerk) 등

- **비즈니스**: 인적자원 관리(Human Resources Management), 기록 관리(Records Management) 등
- **창작 및 디자인**: 플로럴 디자인(Floral Design)
- **기술직**: 전력선 기술자(Power Line Technician)

고령 학습자를 위한 혜택

65세 이상 고령자들은 개인 및 경력 개발을 위해 학비 면제 혜택을 받을 수 있다. 대부분의 과정에 대해 수업료 면제가 적용되고, 학사 학위 과정도 포함된다. 겨울과 가을 학기 동안 최대 두 개 강좌를 수업료 없이 수강할 수 있으며, 여름 학기에는 수강 과목 수에 제한 없이 학비가 면제된다. 65세 이상의 학생에 대한 수업료 면제 정책 덕분에 노인들은 재정 형편에 상관없이 원하는 수업을 들을 수 있다.

학문 상담 지원

UFV는 온라인 및 대면 방식으로 학문 상담을 제공한다. Academic Advising Centre는 학습 목표 달성을 돕기 위해 프로그램 옵션 탐색, 학업 계획 수립, 신규 학생 대상 워크숍 및 정보 세션을 제공하여 고령 학습자들의 적응과 학업 성공을 지원한다.

원칙 3 과 원칙 5 고령자들의 교육적 요구 범위를 인식하고, 온라인 교육 기회에 대한 접근성을 확대한다

Upgrading and University Preparation(UUP)

이 과정은 고령 학습자가 고등학교 교육을 완료할 수 있도록 지원하며, 학업 성취와 미래 경력을 위한 기술을 쌓는 데 도움을 준다.

성인 기초 교육 과정(Adult Basic Education Courses)

캐나다 자국 학생들에게 수업료가 면제되며, 이 과정을 수료하면 고등학교 졸업 자격(고등학교 학력 인정)을 얻을 수 있다. 이를 통해 후속 교육을 계속하고, 대학 또는 다른 고등 교육 기관으로의 진학 및 경력 목표를 달성할 수 있는 기반을 마련할 수 있도록 한다.

유연한 학습 방식

UFV는 현재 대면 수업, 온라인 수업, 하이브리드 수업(온라인과 대면 수업의 혼합 형태) 등과 같은 유연한 학습 옵션을 제공하여 고령 학습자가 환경의 구애 없이 수업에 쉽게 참여할 수 있도록 한다. Blackboard 플랫폼을 통해 강의 자료 및 디지털 도서관 서비스가 제공되며, 기술 지원을 위한 IT Services Toolbox와 1:1 동료 지원 옵션 등 온라인 학습을 위한 여러 튜토리얼 방식을 제공한다.

원칙 4 와 원칙 7 세대 간 학습을 촉진하고, 장수가 주는 이익(longevity dividend)과 고령화가 우리 사회에 미치는 복잡성(complexity) 및 풍요로움(richness)에 대한 학생들의 이해를 높인다

간호학과의 세대 간 학습

UFV 간호학부에서는 학생들이 이론과 실습을 통해 고령자와 관련된 지식과 기술을 습득한다. 모든 간호학과 학생들은 첫 학기에 '동반자 프로그램'을 통해 고령자와 파트너를 이루어 한 학기 동안 여러 차례 방문 활동을 진행한다. 그 결과, 학생들은 고령자와 관계를 형성하면서 연령에 대한 편견이 줄어든다는 점을 발견하였다.

세대 간 연결의 연구 및 사례

CERA 교수진은 여러 연구 프로젝트를 통해 세대 간 연결의 의미를 탐구하고 있다.

- 다큐멘터리 "They Aren't Scary": 초등학생과 장기 요양시설(LTC)에 거주하는 고령자들이 함께 주간 발레 수업에 참여하는 프로그램의 효과를 다룸
- **사회적 고립 연구**: 고등학생과 지역사회 고령자를 연결하여 사회적 고립 문제를 탐구
- **펜팔 프로젝트**: 어린이와 고령자가 펜팔 활동을 통해 관계 형성

또한, CERA는 'Cycling Without Age' 단체와 파트너십을 체결하여 UFV 학부생들이 지역을 자전거로 돌면서 고령자들과의 교류를 경험하도록 하였다.

고령자와의 협력을 통한 교육적 기회

UFV는 지역 노인 단체와 긴밀히 협력하여 학생들이 고령자를 초청 강사로 초대하거나 체험 학습 활동에 참여할 기회를 제공한다. 이런 학문적 · 체험적 학습 기회는 UFV 학생과 교수진 및 교직원이 고령화의 긍정적 가치를 이해하는 데 기여한다.

원칙 6 대학의 연구 의제가 고령화사회의 요구에 맞춰 정보를 제공받을 수 있도록 보장하고 더 높은 수준의 사회에 대한 대중 담론을 촉진한다

CERA 및 연구 센터들의 활동

CERA는 고령화와 관련된 연구와 교육을 수행하는 사명을 바탕

으로, AFU의 10대 원칙을 UFV 내부의 구성원들과 지역사회 단체에 공유해 왔다. CERA와 Community Health and Innovation Hub(CHASI)를 포함한 연구 센터들은 고령화 관련 프로젝트에 적극적으로 참여하고 있는 연구자들을 보유하고 있고, 이 연구자들은 연령차별(ageism), 노인 학대, 세대 간 연결, 사회적 관계, 기술 사용 등 고령화 및 치매와 관련된 다양한 주제를 연구하고 있다.

지역사회와의 연계

CERA 교수진은 지역사회에서 초청 강사로 활동하거나, 고령화에 중점을 둔 지역 단체의 위원회 구성원으로 참여하는 등 지역사회와 정기적으로 교류하고 있다. 예를 들어, Abbotsford의 고령친화도시(Age—Friendly Cities) 태스크 포스 위원, Chilliwack의 Healthy Community 조직 내 Senior's Task Team 위원 등으로 활동한다.

원칙 8 고령자가 대학의 건강 및 웰빙(health and wellness) 프로그램과 예술 및 문화 활동에 대한 접근성을 높인다

캠퍼스 레크리에이션 프로그램

UFV는 여가와 건강한 생활 방식을 촉진하고 세대 간 상호작용 기회를 제공하는 다양한 프로그램을 운영하고 있다. 대학 측은 고령자들의 필요와 관심사를 잘 이해하여 그에 맞는 지원이나 프로그램을 개발하고 적용할 필요가 있다고 판단하고 있다.

학문적 강연

UFV에서는 각 학과, 연구 센터, 총장실에서 주최하는 다양한 학술 강의가 열린다. 고령자들의 참석을 높이기 위해 UFV 내부 커뮤니티와 외부 지역사회 모두가 적극적으로 정보를 공유하고 홍보 지원 활동을 하는 등 의도적인 노력이 필요하다는 것을 인지하고 있다.

원칙 10 대학은 고령자의 이익(interest)을 대변하는 조직과 정기적인 대화(dialogue)를 보장한다

UFV는 지역 고령자 단체들과 긴밀한 협력 관계를 통해 고령화사회의 관심사와 문제를 이해하고 있다. 이들 단체의 대표들은 UFV의 AFU 태스크 포스에 참여하여 미래 계획 수립에 중요한 방향을 제시한다. UFV 연구자들은 지역사회 노인 단체와의 지속적인 대화를 통해 연구 방향 설정 및 고령화사회의 요구를 반영한 교육 프로그램 개발에 도움을 받고 있다.

영국, 스트라스클라이드 대학교(University of Strathclyde)

스트라스클라이드 대학교[14]는 스코틀랜드 글래스고(Glasgow, Scotland)에 위치한 공립 연구 대학이다. 1796년 앤더슨 연구소로 설립된 이 대학은 글래스고에서 두 번째로 오래 되었으며, 100개국 이상의 학생과 교직원이 있는 등 스코틀랜드에서 규모가 세 번째로 크다. 스트라스클라이드 대학은 처음 평생학습센터(Centre for Lifelong Learning, CLL) 내 학습 프로그램을 50세 이상의 사람들을 대상으로 진행하였다. 이 프로그램은 영국 내 가장 큰 규모로 운영되며, 매년 2,500명 이상의 학습자가 참여하고 있다. 스트라스클라이드 대학은 '5세부터 95세까지' 모든 연령대의 사람들에게 학습 기회 제공을 목표로 하며, 2017년 고령친화 아카데미(Age-Friendly Academy, AFA)

---

14) University of Strathclyde website, https://www.strath.ac.uk/

를 설립하여 대학에서 이미 제공하고 있는 다양한 활동들을 아카데미로 통합하고, 내외부 협력을 위한 새로운 기회를 창출하고 있다.[15]

원칙 1 교육 및 연구 프로그램을 포함하여 대학의 모든 핵심 활동에 노인들의 참여를 장려한다

고령친화 아카데미(AFA) 자원봉사 네트워크

주로 50세 이상 성인들로 구성된 데이터베이스로, 이들은 대학 전반에 걸친 다양한 연구 활동이나 자원봉사 기회에 참여한다. 2020년 말 기준으로 220명 이상의 자원봉사자들이 이 네트워크에 등록되어 있으며, 새로운 참여 기회가 있을 때마다 이메일을 통해 관련 정보를 받는다. 이 네트워크는 CLL에서 관리하지만, 연구 및 자원봉사 모집 기회를 대학 전반에 걸쳐 모든 직원들에게 적극적으로 홍보한다.

원칙 2 인생 후반기의 개인 및 경력 개발을 촉진하고 '제2의 경력'을 추구하는 사람들을 지원한다

The Next Stage 프로그램(2019)

장수화된 근로 생활과 고령화하는 노동력의 변화에 대응하여, CLL은 커리어 전환을 준비하거나 은퇴를 준비하는 50세 이상 성인들을 대상으로 새로운 강좌들을 개발하고 있다. 새로운 고용 가능성 및 개인 개발 강좌의 시범을 통해 참가자들은 경험이 풍부한 강사와 직업 상담 전문가들의 지원을 받으며 커리어 옵션을 재검토하고 미래 가능성을 탐색한다.

---

15) University of Strathclyde. (2021). Age－Friendly Academy Impact Report 2017－2020.

원칙 3 과 원칙 5 고령자들의 교육적 요구 범위를 인식하고, 온라인 교육 기회에 대한 접근성을 확대한다

The Open Campus Programme 확장(2017~2018)

평생학습센터(CLL)는 심리학과 건강학부와 협력하여, 고령 학습자들이 심리학 오픈 스터디 자격증을 취득할 수 있는 기회를 시범적으로 제공하였다. 고령 학습자들이 대학 1학년 심리학 강의에서 학부생들과 함께 공부하며 상호작용할 수 있도록 하였고, 현재까지 35명 이상의 학생들이 오픈 캠퍼스 프로그램을 통해 오픈 스터디 자격증을 취득하였다.

온라인 수업(2020)

COVID-19 팬데믹으로 대면 수업이 중단되었으나, CLL은 고령 학습자들이 학습과 상호 교류를 지속해야 할 필요성을 인식하고 온라인 수업을 시작하였다. 4,000명 이상의 학생들이 Zoom을 통한 실시간 온라인 수업에 등록하였다. 이 수업들은 학생들이 음악 감상, 미술, 역사, 문학 등 다양한 주제에서 학습을 계속할 수 있는 기회를 제공하였다.

지역사회 참여

2020년, CLL의 공공 강연 프로그램은 기존 강의실에서 열리던 방식에서 Zoom 웨비나로 전환되면서 더 많은 참가자들이 집에서 편안하게 참여할 수 있게 되었다. 이 강연은 모두에게 열려 있으며, 9월에 열린 존 커티스 경 교수의 '스코틀랜드 헌법 논쟁의 변화하는 모습'에 대한 온라인 공공 강연에는 200명 이상의 참가자가 참여하였다. 많은 가상 기회가 제공되고 CLL에서 성공적인 온라인 학습 모델이

개발됨에 따라, AFA는 지리적 제약이나 상황으로 제한을 받았던 커뮤니티 조직과 접근이 어려운 그룹들과 협력하기 위해 노력하고 있다.

원칙 4 와 원칙 7 세대 간 학습을 촉진하고, 장수가 주는 이익(longevity dividend)과 고령화가 우리 사회에 미치는 복잡성(complexity) 및 풍요로움(richness)에 대한 학생들의 이해를 높인다

세대 간 멘토링 네트워크(The Intergenerational Mentoring Network, IMN)

지역 내 아동과 청소년을 고령층의 멘토와 연결하는 프로그램으로, 학생들의 학업 성취와 고등교육 진학에 어려움이 있는 지역을 대상으로 한다. 또한 초등학교에서의 문해력 발달을 지원하는 데 중점을 두고 있다.

Generation for Generation

2018년 9월, 스트라스클라이드 심리과학 학부와 인문사회과학부 연구팀은 웨스트 로디언(West Lothian)에서 세대 간 협력을 기반으로 한 학교 연구 프로젝트를 진행하였다. 이 커뮤니티 기반 프로그램은 60세 이상 성인의 건강과 웰빙을 증진시키고, 어린이들의 학업 성공을 개선하기 위해 설계되었다. 60세에서 85세 사이의 자원봉사자들은 초등학교(P1~P4)에서 어린이들의 읽기, 쓰기, 수학 및 기타 학교 활동에 도움을 주었다.

원칙 6 대학의 연구 의제가 고령화사회의 요구에 맞춰 정보를 제공받을 수 있도록 보장하고 더 높은 수준의 사회에 대한 대중 담론을 촉진한다

고령화 관련 연구

고령친화 아카데미(AFA)는 모든 학부에서 이루어지는 고령화 관련 연구 및 혁신 프로젝트를 연결하고 통합한다. 고령화 연구는 대학의 핵심 전략 주제인 '건강과 웰빙' 및 '더 나은 고령화'라는 다학제적 하위 주제에 중점을 두고 있다. 치매를 포함한 생애 전반의 사고력과 기억력, 이동성과 뇌졸중 재활, 디지털 헬스케어 및 세대 간 소통 등 다양한 고령화 관련 주제를 다룬다.

The Strathclyde Ageing Network(SAN)

대학 내 협력 연구를 성장 및 촉진하는 내부 그룹으로, 4개의 학부와 전문 서비스에서 온 70명 이상의 회원들이 있다.

디지털 건강 및 웰빙 연구 그룹

실제 의료 및 돌봄 솔루션을 설계, 개발, 구현 및 평가하는 연구 그룹이다. 사용자 중심의 설계를 중시하며, 주요 이해관계자들과 협력하여 개인, 지역사회, 조직에 긍정적 영향을 미치는 디지털 건강 및 돌봄 기술을 만든다.

치매 연구 네트워크

치매 분야 연구를 수행하는 다학제적 연구 그룹이다. 이 네트워크는 치매의 조기 발견, 환자 모니터링, 치료법, 진단 후 지원 및 돌봄을 포함한 다양한 치매 관련 프로젝트를 진행한다. 그룹의 연구자

들은 심리학, 생물학, 약리학, 화학, 사회복지 및 정책 등 다양한 분야의 전문성을 보유하고 있다.

원칙 8 고령자가 대학의 건강 및 웰빙(health and wellness) 프로그램과 예술 및 문화 활동에 대한 접근성을 높인다

50세 이상을 위한 학습 프로그램

평생학습센터(CLL)는 거의 50년 동안 성인 학습자들을 위한 학습 기회를 제공해 왔으며, 유럽에서 50세 이상을 대상으로 하는 가장 큰 규모의 대학 기반 학습 프로그램을 운영하고 있다. 성인 학습자들은 언어, 역사, 사진, 미술 등 다양한 수업에 참여하고 있다. CLL은 또한 1,000명 이상의 회원이 있는 3Ls라는 학생회를 운영 중인데, 이 학생회는 학습자들이 다양한 동아리에 가입하고 사회적 행사에 참여하며 점심시간에 열리는 강연에 참석할 수 있도록 독려한다.

원칙 10 대학은 고령자의 이익(interest)을 대변하는 조직과 정기적인 대화(dialogue)를 보장한다

고령친화 아카데미(AFA)는 대학 전반에서 진행되고 있는 고령화 관련 연구와 활동을 조명하고, 새로운 파트너십을 형성하여 다양한 이니셔티브를 출범할 수 있는 플랫폼을 제공한다. AFA는 다음과 같은 스코틀랜드 전역의 다양한 조직들과 정기적으로 대화를 나누고 있다.

- 세대 간 협력(Generations Working Together)
- 스코틀랜드 노인 의회(Scottish Older People's Assembly)
- 에이지 스코틀랜드(Age Scotland)

3.5 AFU 〈원칙 9〉

앞서 AFU 대학 사례들을 통해 살펴본 바와 같이, AFU 지정 대학들은 AFU의 10대 원칙을 준수하고자 노력하고 있다. 그럼, AFU의 10대 원칙 중 〈원칙 9〉에 대해 더 자세히 알아보기로 하자.

〈원칙 9〉는 대학이 대학 자체의 은퇴 커뮤니티를 적극적으로 발전시킨다는 것이다. 이 원칙에서 대학 자체의 은퇴 커뮤니티는 '대학과 연계된 은퇴주거단지'라는 의미를 포괄하는 것으로, 은퇴한 교수나 대학과 연계된 사람들(졸업생, 퇴직자 포함)이 커뮤니티를 형성하여 모여 살면서 그들이 대학 생활에 지속적으로 참여할 수 있도록 적극적인 노력을 한다는 의미를 포함한다. 즉, 단순히 대학이 기존 은퇴자들과 관계를 유지하는 것을 넘어 이들이 소속감을 느끼면서 대학의 중요한 구성원으로 계속 남을 수 있도록 커뮤니티 자체를 체계적으로 발전시키고 더 많은 활동과 참여를 장려하는 것으로 이해할 수 있다.

이런 의미에서 AFU 이니셔티브에 입각하여 AFU의 10대 원칙을 준수하는 많은 AFU 대학들은 대학과 연계된 은퇴 커뮤니티인 UBRC를 추진하고 있거나 앞으로 적극 추진할 가능성이 높다. 다음은 AFU 글로벌 네트워크에 가입한 미국 대학과 연결된 은퇴 커뮤니티 목록이다.

● 미국 AFU와 연계된 은퇴 커뮤니티

미국 주/도시	미국 AFU	은퇴 커뮤니티
Arizona / Tucson	Arizona State University	Mirabella at ASU
Florida / St. Petersburg	Eckerd College	Addington Place at College Harbor
Florida / Tallahassee	Florida State University	Westcott Lakes at South Wood
New York / Ithaca	Ithaca College	Longview Retirement Community
Indiana / West Lafayette	Purdue University	University Place
California / Los Angeles	University of California, Los Angeles	Belmont Village Westwood
Maine / Orono	University of Maine	Dirigo Pine
Massachusetts / Amherst	University of Massachusetts Amherst	Applewood at Amherst
Massachusetts / Dartmouth	University of Massachusetts Dartmouth	계획 단계
Massachusetts / Newton	Lasell College	Lasell Village
Texas / Austin	University of Texas at Austin	Longhorn Village

출처: RetirementLiving, College—Linked Retirement Communities. 재가공.

앞서 CHAPTER 2에서 살펴본 UBRC 사례 중 3곳(Mirabella at ASU, Lasell Village, Longhorn Village)과 연계된 대학이 AFU 글로벌 네트워크에 가입되어 있는 것을 알 수 있다. 이는 UBRC와 제휴된 기관이 특히 AFU 개념을 캠퍼스에 도입하는 데 더 유리한 측면이 있다는 방증이라 할 수 있다.

3.6 대학의 고령 친화도 판단 지표

Lim, J. S. et al.(2023)은 AFU 가이드라인(지표)을 개발하여 대학의 고령 친화도를 파악하고, AFU가 되기 위한 구체적 전략을 수립할 수 있도록 하였다. 지역사회에서 대학의 고령 친화적 역할을 기대하는 것은 대학이 인적·물적 인프라 보유 및 지역사회와의 파트너십을 통해 고령층의 관심과 요구에 효과적으로 대처할 수 있는 잠재력을 보유하고 있기 때문이다.

2012년부터 AFU의 개념이 정립되어 AFU 대학들은 고령자에게 평생학습 및 지원 서비스를 제공하고 있으며 고령화에 따른 환경변화 구축에 중심적 역할을 수행하고 있다. AFU는 노인과 대학이 상생을 추구하는 모델로, Lim, J. S. et al.(2023)은 개발한 지표를 통해 대학의 고령 친화 정도와 실태를 정확히 판단하여 고령 친화적 노력을 위한 실증적 기준을 제시할 수 있을 것이라 주장한다. 대학의 고령 친화성이라는 모호한 개념을 측정하기 위한 실증적 접근 방식은 추상적 논의를 구체화하여 향후 '고령친화대학' 가치를 도입하고 운영하고자 하는 대학에 방향성 제시는 물론, 대학의 전략 및 정책, 교육 등을 고령 친화적으로 보완할 수 있는 기능적 측면까지 기대할 수 있다.

Lim, J. S. et al.(2023)은 AFU 가이드라인(지표)으로써 68개의 지표를 제시하였으며 적합성 및 수용성 검토를 통해 60개의 지표를 최종 수용하였다. AFU 가이드라인(지표)은 사회 참여 및 봉사(social engagement & support), 평생교육(Lifelong learning), 노년층의 요구 반영(Reflecting the needs of older people), 노인 친화적 환경 (Age-friendly environment), 행정 지원(Administrative support) 등 크게 5가지 영역으로 분류된다.

- 사회 참여 및 봉사

경력 개발 프로그램 제공, 자원봉사 프로그램 개발·운영, 고령화 변화에 따른 전문가 양성, 대학 직원들의 강의 제공을 위한 교육 수행 여부 등

- 평생교육

다양한 평생교육 서비스 제공, 고령 학습자를 위한 전문 과정 제공, 고령 학습자와 교수자 사이의 커뮤니케이션 도구, 고령자의 학습 활동 지원을 위한 절차 및 정책, 세대 간 학습 프로그램 제공 여부 등

- 노년층의 요구 반영

노인에 대한 이해를 높이기 위한 교직원들의 교육, 세대 간 소통 향상을 위한 정기적 프로그램 운영, 노인 의견 청취 가능 채널 존재 여부 등

- 노인 친화적 환경

고령자의 건강 증진 및 유지를 위한 지원 서비스 제공, 건강 교육 및 운동 처방 등과 같은 보건 및 의료서비스 제공, 캠퍼스 시설의 노년층 사용 적합성, 노인을 존중하고 친절하게 대하는 대학 구성원들의 태도, 노인들이 자주 사용하는 건물 내 엘리베이터 존재 여부 등

- 행정 지원

AFU와 관련된 교내 위원회 존재, 노년층으로 구성된 교내 위원회 구성 및 운영, AFU 관련한 전담 부서 또는 직원 존재, AFU 운영과 관련한 별도의 예산 배정 및 집행, AFU 개념이 포함된 대학의 미션 및 비전, AFU와 관련된 중장기 발전 계획 존재, AFU 활동을 위한 외부 자문위원회 운영, 노인 관련 연구센터 존재, 고령화사회 효과적 대응을 위한 지역과의 정기적 협력, 고령친화도시(또는 고령친화 커뮤니티) 설립을 위한 이해관계자로서 참여 노력 여부 등

AFU 가이드라인(지표)은 다음과 같다.

● AFU 가이드라인(지표)

No.	적합·수용	AFU 영역	내용	구분	고령 친화도 판단
36	1	노인 친화적 환경	우리 대학 공동체의 구성원들(교수, 교직원, 학생)은 노인들을 존경하고 친근하게 대한다.	대학 내부	
35	2	노인 친화적 환경	노인들은 우리 대학에서 주최하는 행사나 활동에 대한 정보를 쉽게 얻을 수 있다.	대학 내부	
39	2	노인 친화적 환경	우리 대학은 젊은 학생들을 위해 고령화와 관련된 다양한 과정을 개발하고 제공한다.	정량 지표	선정
45	2	노인 친화적 환경	(노인들이 자주 이용하는) 주요 건물 진입로에 슬로프(경사)가 있다.	건물 및 환경	
47	5	노인 친화적 환경	(노인들이 자주 이용하는) 주요 건물에 엘리베이터가 있다.	건물 및 환경	
64	5	행정 지원	우리 대학은 고령화사회에 효과적으로 대응하기 위한 정책과 서비스를 연구하고 개발한다.	대학 내부	
40	7	노인 친화적 환경	캠퍼스 건물 내외부에 설치된 안내 표지판은 노인들이 따라가기에 편리하다.	건물 및 환경	
32	8	노인 친화적 환경	우리 대학 캠퍼스와 주변 환경은 노인들이 사용하기에 깨끗하다.	건물 및 환경	
46	8	노인 친화적 환경	(노인들이 자주 이용하는) 주요 건물 진입로에 난간이 있다.	건물 및 환경	
63	8	행정 지원	우리 대학에는 노인 관련 연구 센터가 있다.	정량 지표	선정
65	11	행정 지원	우리 대학은 노인들의 권익 향상을 도모하기 위해 지역사회와 주기적으로 협력하고 있다.	대학 내부	
10	12	평생교육	우리 대학은 평생교육 센터를 통해 고령학습자들에게 다양한 평생교육 서비스를 제공한다.	정량 지표	선정

No.	적합·수용	AFU 영역	내용	구분	고령 친화도 판단
34	12	노인 친화적 환경	우리 대학은 노인에게 정보(대학정보, 제공서비스, 이용안내, 연락처 등)를 제공하기 위해 다양한 노력(정보센터, 조교 등)을 하고 있다.	대학 내부	
58	12	행정 지원	우리 대학에서는 노인들이 고령친화대학 정책 개발에 참여할 수 있다.	대학 내부	
3	15	사회 참여 및 봉사	우리 대학은 인구 고령화에 따른 변화에 대응하기 위해 전문 교육 및 훈련 정책을 수립하고 실행할 뿐만 아니라 필요한 분야의 전문가를 양성한다.	정량 지표	선정
4	15	사회 참여 및 봉사	우리 대학은 고령친화대학을 운영하기 위한 지역사회 자원들을 발전시키고 연결한다.	대학 내부	
26	15	노년층의 요구 반영	우리 대학은 노인에 대한 인식을 제고하고 노인을 존중하는 문화를 만들기 위해 노력한다.	대학 내부	
33	15	노인 친화적 환경	우리 대학의 캠퍼스 시설은 노인들이 이용하기에 불편하거나 어렵지 않다.	건물 및 환경	
30	19	노인 친화적 환경	우리 대학은 노인들을 위한 다양한 여가 및 문화 활동 프로그램을 운영한다.	대학 내부	
54	19	행정 지원	우리 대학의 사명과 비전에는 고령친화대학 개념이 포함되어 있다.	대학 내부	
23	21	평생교육	우리 대학은 세대 간 학습 프로그램을 제공한다.	대학 내부	
68	21	행정 지원	우리 대학은 다양한 플랫폼을 활용하여 인구 고령화와 이에 대응한 정책에 대한 캠퍼스 커뮤니티와 지역 주민들의 인식 제고를 목표로 대중을 교육하고 이슈를 홍보함으로써 지속적으로 관련 정보를 제공한다.	대학 내부	
15	23	평생교육	우리 대학은 학업 과정 수강에 관한 고령 학습자의 문의에 신속하게 응답한다.	대학 내부	

No.	적합·수용	AFU 영역	내용	구분	고령 친화도 판단
31	24	노인 친화적 환경	우리 대학은 노인 친화적인 프로그램이나 서비스를 제공하기 위해 서비스 학습 과정과 다른 수업을 활용한다.	대학 내부	
59	24	행정 지원	우리 대학은 정보 공유 및 관계 구축을 위한 노인 커뮤니티를 적극적으로 지원한다.	대학 내부	
20	26	평생교육	우리 대학은 노인들을 위한 학습 프로그램을 개발하고 진행할 때 그들의 다양한 학습 요구와 수준을 고려한다.	대학 내부	
25	27	노년층의 요구 반영	우리 대학은 세대 간 소통과 이해를 증진시키기 위한 프로그램을 주기적으로 운영한다.	대학 내부	
41	28	노인 친화적 환경	우리 대학은 노인들의 이농성 향상을 위한 서비스(교내 버스 정류장, 셔틀 버스 운행 등)를 제공한다.	건물 및 환경	
55	28	행정 지원	우리 대학은 고령친화대학과 관련된 중장기 발전 계획이 있다.	대학 내부	
18	30	평생교육	우리 대학은 다양한 경험과 전문성을 갖춘 고령자들이 강사(또는 튜터)로 일할 수 있는 기회를 제공한다.	대학 내부	
1	31	사회 참여 및 봉사	우리 대학은 노인들에게 취업, 기업가 정신 훈련 및 교육, 직업 소개, 인생 재설계 등 경력 개발 프로그램을 제공한다.	대학 내부	
8	31	사회 참여 및 봉사	우리 대학은 퇴직한 직원들이 AFU 활동에 참여하도록 장려하거나 AFU 활동을 제공하는 것을 돕기 위해 노력한다.	대학 내부	
67	31	행정 지원	우리 대학은 고령친화도시(또는 고령친화 공동체) 조성을 위한 노력에 핵심 이해관계자로 참여하고 있다.	대학 내부	
12	34	평생교육	우리 대학은 고령 학습자(학점/비학점)를 위한 온라인 과정을 제공한다.	정량 지표	
6	35	사회 참여 및 봉사	우리 대학은 정책을 알리기 위해 국가 차원에서 참여하고 있다.	대학 내부	

No.	적합·수용	AFU 영역	내용	구분	고령친화도 판단
7	36	사회 참여 및 봉사	고령친화대학 이니셔티브는 우리 대학에서 정책적인 수준에 있다.	대학 내부	
48	36	행정 지원	우리 대학에는 고령친화대학(AFU) 관련 교내 위원회가 있다.	대학 내부	
28	38	노인 친화적 환경	우리 대학은 고령자의 건강증진 및 유지를 위한 적절한 지원 서비스(보건교육, 영양교실, 운동교실 등)를 제공한다.	대학 내부	
2	39	사회 참여 및 봉사	우리 대학은 노인들이 그들의 선호도와 필요에 따라 참여할 수 있는 자원봉사 프로그램을 개발하고 운영한다.	대학 내부	
5	40	사회 참여 및 봉사	우리 대학은 전통적인 학생들을 위해 노화에 관한 선택적 모듈을 포함한다.	대학 내부	
66	40	행정 지원	우리 대학은 노인들에 대한 친화도를 주기적으로 분석하고 평가하여 그 결과를 관련 분야에 적용하고 있다.	대학 내부	
11	42	평생교육	우리 대학은 평생학습 센터 외에도 고령 학습자를 위한 전문 과정을 제공한다.	정량 지표	
24	42	노년층의 요구 반영	우리 대학은 노인에 대한 이해와 지원 방법을 높이기 위해 대학의 모든 기관과 시설에서 근무하는 교직원을 교육한다.	대학 내부	
14	44	평생교육	우리 대학에는 학습 과정을 촉진하고 나이 든 학습자와 강사가 아이디어를 교환할 수 있는 커뮤니케이션 도구가 있다.	대학 내부	
9	45	사회 참여 및 봉사	우리 대학 직원들은 노인들에게 강의를 전달하고 다세대 학습 방식을 인식하는 교육을 받는다.	대학 내부	
50	45	행정 지원	우리 대학은 고령친화대학 정책을 위한 외부 자문 위원회를 운영하고 있다.	대학 내부	
62	45	행정 지원	우리 대학은 고령친화대학 활동을 위한 외부 자문 위원회를 운영하고 있다.	대학 내부	

No.	적합·수용	AFU 영역	내용	구분	고령 친화도 판단
17	48	평생교육	우리 대학은 고령 학습자의 학습 활동을 지원하기 위한 체계적이고 세부적인 절차와 정책을 가지고 있다.	대학 내부	
22	49	평생교육	우리 대학은 노인들의 요구(니즈)를 파악하기 위해 주기적으로 설문조사를 실시하고 그 결과를 대학 정책이나 서비스에 반영한다.	대학 내부	
29	49	노인 친화적 환경	우리 대학은 건강교육, 영양 강좌, 운동처방 등 건강 증진을 위한 보건의료서비스 기회를 제공한다.	대학 내부	
13	51	평생교육	우리 대학은 고령의 학습자들이 비용(등록금) 걱정 없이 수강할 수 있도록 다양한 대안을 제시한다.	대학 내부	
27	52	노년층의 요구 반영	우리 대학은 대화형 프로그램을 운영하거나 별도의 경로를 통해 어르신들의 의견을 듣는다.	대학 내부	
49	52	행정 지원	우리 대학은 노인들로 구성된 교내 위원회를 설립 및 운영하고 있다.	대학 내부	
51	52	행정 지원	우리 대학에는 고령친화대학과 관련된 전담부서나 직원이 있다.	대학 내부	
56	52	행정 지원	우리 대학은 정기적으로 노인들을 위한 간행물(연보 등)을 발행한다.	대학 내부	
61	56	행정 지원	우리 대학은 노인들로 구성된 교내 위원회를 구성하여 현재 운영 중이다.	대학 내부	
21	57	평생교육	우리 대학은 정기적으로 노인들의 학습 요구를 조사하고 그 결과를 프로그램으로 구현한다.	대학 내부	
16	58	평생교육	우리 대학은 나이 든 학습자의 출석을 추적하기 위한 계획과 전략을 개발하고 실행한다.	대학 내부	
19	58	평생교육	우리 대학에는 고령자의 학습 편의를 위한 전담 인력 또는 부서가 있다.	대학 내부	

No.	적합·수용	AFU 영역	내용	구분	고령 친화도 판단
53	60	행정 지원	우리 대학은 고령친화대학 운영과 관련하여 별도의 예산을 편성하여 집행하고 있다.	대학 내부	
52	61	행정 지원	우리 대학은 노인들에 대한 긴급 상황에 대비하여 비상 체제(매뉴얼 등)를 갖추고 있다.	✕	
57	61	행정 지원	우리 대학에는 고령친화대학과 관련된 규정, 지침, 매뉴얼이 있다.	✕	
38	63	노인 친화적 환경	우리 대학에는 노인들을 위한 자원봉사자나 도우미(보조자)가 있다.	✕	
44	64	노인 친화적 환경	우리 대학에는 노인들을 위한 비상벨(긴급 상황 시 도움 요청용)이 있다.	✕	
60	65	행정 지원	우리 대학은 노인들을 위한 전용 공간이 있다.	✕	
37	66	노인 친화적 환경	우리 대학에는 지역사회의 노인들을 돌볼 수 있는 인력이 있다.	✕	
43	66	노인 친화적 환경	우리 대학은 노인들에게 이동 보조 기구(휠체어, 지팡이 등)를 대여해 준다.	✕	
42	68	노인 친화적 환경	우리 대학은 주요 교내 지역에 노인 보호 구역(실버 존)을 지정하고 있다.	✕	

출처: Jin Seop Lim, Myung−Bae Park, Christine H. O'Kelly, Richard C. Knopf & Craig A. Talmage, A tool for developing guidelines for institutional policy: a 60 indicator inventory for assessing the age−friendliness of a university, 2023.

위의 표16)에서 '선정'이라고 구분한 지표들은 국내 대학들의 고령 친화도를 판단하기 위해 선택한 구분자로, CHAPTER 5에서 논의할 UBRC 도입 가능 캠퍼스에서 근거가 되는 요소이다.

AFU 가이드라인(지표)의 세부 항목들을 살펴보면, 크게 대학 내

---

16) 네 번째 열까지의 내용은 Lim, J. S. et al.(2023)의 학술 논문 내용이며, 다섯 번째 열부터 여섯 번째 열까지의 내용은 공저자인 김세율이 설정한 내용임

부(적 상황), 대학 건물 및 환경, 정량적 지표로 구분이 가능하다. 전체 60개의 세부 항목 중 대학 내부적 상황에 관한 항목은 47개, 건물 및 환경 항목은 7개, 대학의 정량적 지표는 6개로 분류된다. 그중 대학 구성원들의 노인 존경, 노인들 권익 향상 도모를 위한 지역사회와의 협력, 노인을 존중하는 문화 만들기 노력 여부 등과 같은 대학의 내부적 상황은 외부에서 판단하기 어려운 정보라고 판단한다. 주요 대학 건물에 슬로프·엘리베이터·난간 존재 여부 등과 같은 대학 건물 및 환경에 관한 항목은 다수의 대학 건물에 적용이 되어 있어 캠퍼스 차이를 반영할 수 없다. 이렇게 제외하고 남은 대학의 정량적 지표인 6개는 확인이 가능한 지표이므로, 대학들의 정량적 지표 항목들을 중심으로 캠퍼스별 고령 친화도를 판단하고자 한다.

대학의 정량적 지표인 6개 항목들을 살펴보면, 노인 친화적 환경 영역에서의 고령화(aging)와 관련된 다양한 과정의 개발(39번)과 행정 지원 영역 내 노인 관련 연구 센터 존재(63번), 사회 참여 및 봉사 영역 내 고령화와 관련한 전문가 양성(3번), 평생교육 영역 내 평생교육 센터에서 고령 학습자들을 위한 교육 서비스 제공(10번), 고령 학습자(학점·비학점)를 위한 온라인 과정 제공(12번), 고령 학습자를 위한 전문 과정 제공(11번) 등이 있다. 이 중 고령 학습자를 직접 대상으로 하는 전문 과정 또는 온라인 과정을 제공하는 대학은 아직 없으므로 11번과 12번 항목은 고령 친화도 판단 기준에서 제외한다.

고령화와 관련한 전문가 양성(3번)과 고령화(aging)와 관련된 다양한 과정의 개발(39번)은 대학의 개설학과 및 전공을 통해 판단이 가능하다. 대학 내 노인과 관련된 전공(학과)에서는 고령화와 관련한 교육 과정을 통해 노인 및 고령화 등에 대한 이해도를 높이고 그와 관련한 인재와 전문인력 육성을 목표로 하고 있기 때문이다. 평생교육 센터에서 고령 학습자들을 위한 교육 서비스 제공(10번)은 대학 부설 평생교육원에서 제공하고 있는 교육프로그램 중 시니어를 직접 대상으로 하는 프로그램을 운영 중인 캠퍼스들로 파악할 수 있다. 대학 부설 평생교육원의 다수 프로그램은 모든 연령에게 오픈되어 있어 고령자를 염두하고 개발된 프로그램이라고 볼 수 없지만, '지역에 거주하고 있는 60세 이상' 등과 같이 연령 제한을 두고 있는 프로그램의 경우 시니어를 직접 대상으로 개설되었기 때문에 고령 학습자들을 위한 교육 서비스이다. 노인 관련 연구 센터 존재(63번)는 캠퍼스별 노인, 고령화와 관련한 연구소 유무로 판단할 수 있다.

대학들의 고령 친화도 판단을 위해 선정된 AFU 가이드라인(지표) 항목들은 다음과 같다.

●● 대학들의 고령 친화도 판단을 위한 AFU 가이드라인(지표)

No.	수용 순위	AFU 영역	정의
3	15	사회 참여 및 봉사	우리 대학은 인구 고령화와 관련한 변화에 대응하기 위하여 전문교육 및 훈련 정책을 수립하고 실행하는 것뿐만 아니라 필요한 분야의 전문가를 양성한다.
10	12	평생교육	우리 대학은 평생교육 센터를 통해 고령 학습자들에게 다양한 평생교육 서비스를 제공한다.
39	2	노인 친화적 환경	우리 대학은 젊은 학생들을 위해 노화와 관련된 다양한 과정을 개발하고 제공한다.
63	8	행정 지원	우리 대학은 노인 관련 연구 센터가 있다.

일본형 CCRC

일본 통계국은 2023년 일본의 총인구수가 1억 2,615만 명이며 2070년에는 8,700만 명으로 약 70% 감소할 것이라는 예측치를 발표하였다.[1] 일본의 2023년 합계특수출생률[2]은 1.2명으로 1947년 통계 작성 이래로 가장 낮은 수치를 보이고 있다.[3] 저출산으로 인한 인구 감소는 장래의 노동력 감소 및 소비 경제력 쇠퇴로 이어져서 일본 경제의 성장력을 저하시킬 우려가 있다. 일본은 세계에서 가장 빠르게 초고령사회로 진입한 국가로, 65세 이상 인구가 전체 인구의 29.3%에 달한다.[4] 고령화는 지역사회의 활력 감소, 경제적 부담 가중, 주거·의료·복지 측면에서의 많은 예산이 소요되는 등 사회적 문제를 초래한다.

저출산·고령화라는 인구구조의 변화는 결국 인구 감소를 유발한다. 지방인구가 대도시권으로 이동이 집중될수록 지방인구의 급격한 감소로 인해 지방소멸은 가속화되고, 대도시권의 고령화가 심각해짐은 물론, 도시로 유입된 젊은 층들의 저출산은 인구감소로 이어지는 것이다. 마스다 히로야(增田寬也) 전 총무상이 이끄는 일본창성회의(日本創成会議, Japan Policy Council)가 2014년 5월에 발표한 '마스다 보고서(增田リポート)'[5]에 의하면, 현재 인구 감소 추세대로라면 2040년까지 일본의 절반에 해당하는 약 896개의 지방자치단체가 소멸할 가능성이 있다고 전망하며, 지방을 소멸의 위기에서 구해야만 일본의 인구 급감을 막을 수 있다고 주장하였다. 이런 문제를 해결하기 위해 아베 정부는 인구 감소 및 고령화에 대응하고, 도쿄권으로의

1) 日本の将来推計人口 (令和5年推計) の公表資料, 国立社会保障·人口問題研究所, 2023.
2) 합계특수출생률은 '한 명의 여성이 15세부터 49세까지 출산하는 자녀의 평균 수'를 의미함
3) https://www.nhk.or.jp/shutoken/articles/101/006/08/
4) 일본 총무성 통계 자료(https://www.stat.go.jp/data/jinsui/pdf/202411.pdf)
5) 성장을 이어가는 21세기를 위하여: 저출산 극복을 위한 지방활성화 전략(成長を続ける21世紀のために: ストップ少子化·地方元気戦略)

인구 집중 현상을 막으며 지방에도 살기 좋은 정주 환경을 구축하여 지속 가능한 일본 사회 유지를 목적으로 하는 '지방창생법(地方創生法)'을 2014년에 제정하였다.6) 2014년 12월, 2015년부터의 5개년 계획을 수행하기 위한 '마을·사람·일자리 창생본부(まち·ひと·しごと創生本部)'가 설치되었고, 지방의 고용과 인구 유입, 지역 활성화를 추진하여 2060년 '1억 인구' 확보라는 중장기 목표를 내세웠다.

지방창생 전략에 포함된 개별 시책 중 하나가 '일본형 CCRC'로 불리는 「생애활약 마을(生涯活躍のまち)」 구상(構想)이다. 이는 지방 도시의 공가, 유휴 농지 등과 같은 지방의 유휴 자원을 활용하여 생산성을 향상시키고, 지역의 매력도를 높여 지방으로의 인구 유입을 촉신하기 위한 징책으로, 2015년 2월 일본형 CCRC 구상 전문가 회의(日本版CCRC 構想有識者会議)가 설치된 이후 동년 12월에 최종 모습이 구축되었다. 이번 CHAPTER에서는 생애활약 마을의 기본적 고찰과 일본 CCRC, UBRC 사례를 살펴본다.

---

6) 한국농촌경제연구원(2017). 일본 지방창생 전략과 과소화마을 사례조사 출장보고서.

● 생애활약 마을(生涯活躍のまち) 구상의 의의

일본형 CCRC로 불리는 생애활약 마을(生涯活躍のまち) 구상[7]은 도쿄권을 비롯한 지역의 고령자가 희망하는 지방이나 시가지(まちなか)로 이주하여, 지역 주민이나 다세대(多世代)와 교류하면서 건강하고 액티브한 생활을 하고, 필요에 따라 의료·개호를 받을 수 있는 지역을 만드는 것을 목표로 한다. 이 구상의 의의로 고령자의 지방 이주 희망 실현, 지방으로의 인구 분산, 도쿄권의 고령화 문제 대응이라는 3가지 점을 들 수 있다.

고령자의 지방 이주 희망 실현

내각관방(內閣官房) 조사[8]에 따르면, 도쿄권 거주자 중 지방으로 이주할 예정이거나 이주를 검토하고 있는 사람은 50대에서 남성 50.8%, 여성 34.2%, 60대에서 남성 36.7%. 여성 28.3%에 이르는 것으로 나타났다. 이는 중·고연령자들이 도시에서 지방으로 이주하여 계속적으로 건강하고 액티브한 생활을 보내고 싶은 희망이 강하다는 것을 보여주는 결과이다. 또한 지방은 도쿄권에 비해 일상생활에서 들어가는 비용이 상대적으로 낮아 고령기에 살기 좋은 환경이다. 생

---

7) 內閣官房まち·ひと·しごと創生本部事務局. (2016). 「生涯活躍のまち」構想に関する手引き（第3版）.
8) 內閣官房 「東京在住者の今後の移住に関する意向調査」（2014年8月）

애활약 마을 구상은 대도시의 고령자 니즈를 실현하고, 새로운 생활 환경을 제공하여 건강 수명을 늘리고 노후를 충실히 보낼 수 있게 하기 위한 기회를 제공하는 데 그 의의가 있다. 또한, 고령자의 의사에 반하여 이주를 추진하는 것이 아닌, 어디까지나 지방에서 살 의향이 있는 고령자들의 요구 실현을 위한 선택지로 추진하는 것이다.

지방으로의 인구 분산

도쿄권으로의 인구 집중 심화를 막기 위해 지방창생의 관점에서 지방으로 새로운 인구 유입을 시키는 것이 중요한 과제가 되고 있으며, 과제를 해결하려는 방안 중 하나가 고령자의 지방 이주이다. 생애활약 마을 구상은 이주한 고령자가 지방에서 취업 또는 평생학습 등을 통해 적극적으로 사회활동에 참가하여 지역의 활성화에 기여하는 것을 목표로 한다. 또한 장기간에 걸쳐 의료 및 개호 서비스를 정비해 온 지역이 많은데, 이런 지역들이 인구 감소 문제가 대두되고 있어 고령자들이 이러한 곳으로 이주하게 되면 의료 및 개호 서비스를 이용할 수 있게 되고, 고용 유지를 기대할 수 있다는 점에서 지방으로의 인구 분산은 의의가 있다.

도쿄권의 고령화 문제 대응

도쿄권은 앞으로 급속한 고령화가 예상되며, 특히 75세 이상의 후기 고령자는 2025년까지 약 175만 명 증가할 것으로 전망된다. 이로 인해 의료 및 개호 서비스에 대한 수요가 급증할 것으로 보이며, 이를 충족하기 위한 서비스 인프라의 확보가 중요한 과제로 부상하고 있다. 지방에서 도쿄권으로의 인구 유출이 가속화될 경우 도쿄권은 의료 및 개호 인력 부족 문제로 심각한 상황에 놓일 위험성이 높다. 생애활약 마을 구상은 도쿄권에 거주하며 지방으로의 이주를 희망하는 고령자들이 지방에서 필요한 의료 및 개호 서비스를 이용할 수 있는 기회를 제시함으로써 도쿄권의 고령화를 완화하는 데 의미 있는 대응책이 될 수 있다.

● 생애활약 마을(生涯活躍のまち) 구상의 기본 콘셉트

생애활약 마을 구상은 고령자를 위한 복지 시설을 정비하는 등의 단순한 발상이 아니고, 고령자가 주체적으로 지역사회에 녹아들면서 건강하고 액티브한 생활을 할 수 있는 커뮤니티·마을 만들기를 실시하는 것이다.

기존 고령자 시설과 기본적인 차이

생애활약 마을 구상에서 추구하는 고령자 주거의 개념은 지금까지 고령자를 위한 시설이나 주택과 다른 차별점 3가지가 있다. 첫째, 기존 고령자 시설은 요개호 상태(要介護状態)[9]가 된 후 입소·입주를 선택하는 것이 일반적이라면, 생애활약 마을에서는 고령자가 건강한 상태부터 입주하여 가능한 한 건강하게 장수하면서 노후 생활하는 것을 목표로 한다. 둘째, 기존 시설에서 고령자는 서비스 받는 사람으로서 '수동적'인 존재였다면, 생애활약 마을에서의 고령자는 지역사회 일이나 평생교육 등 사회활동에 적극적으로 참여하는 '주체적'인 존재로 자리 잡는다는 점이다. 셋째, 지역사회의 개방성으로, 고령자들만 거주하고 있어 지역사회 젊은 세대와의 교류가 한정적이었던 기존 시설과는 달리, 생애활약 마을에서는 고령자가 지역사회에 동화되어 지

---

9) 요양 및 간호가 필요한 상태

역의 현지 주민들, 아이, 청년들 등의 다세대(多世代)와 교류하고 협력하는 '오픈형 거주'를 지향한다.

●● 기존 고령자 시설과 생애활약 마을의 차이점

구분	기존 고령자 시설	생애활약 마을
거주의 계기	주로 요개호상태가 된 후 선택	건강한 상태부터 선택
고령자의 생활	고령자는 서비스 받는 사람	일·사회활동·평생교육 등에 적극적으로 참여함
지역과의 관계	시설 내에 갖춰져 있어 지역과의 교류가 적음	지역사회에 융화하여 다세대와 교류 및 협동

출처: 内閣官房まち·ひと·しごと創生本部事務局. (2016). 「生涯活躍のまち」構想に関する手引き (第3版). p.9.

지역포괄케어와의 연계

일본은 고령자가 중증 요양이 필요한 상태에 이르더라도, 익숙한 지역에서 자신의 삶을 끝까지 존엄 있게 이어갈 수 있도록 의료·개호·예방·주거·생활지원이 통합적으로 보장되는 체제(지역포괄케어 시스템)의 실현을 목표로 하고 있다. 생애활약 마을 구상은 이러한 '지역포괄케어'의 이념과 상충하지 않는다.

첫째, 생애활약 마을은 고령자의 바람에 부응한다는 점에서 의미가 있다. 도쿄권을 포함한 모든 지역에서 고령자가 계속 거주할 수 있도록 의료 및 개호 서비스 등의 지역 기반을 강화하는 것은 당연히 필요하다. 또한, 건강한 시기부터 지방이나 도심 지역으로 이주하여 '제2의 인생'으로 활기찬 삶을 꿈꾸는 고령자들도 적지 않다. 생애활약 마을 구상은 바로 이러한 고령자들의 새로운 삶의 희망을 실현하기 위한 접근이다. 둘째, 이주한 고령자가 지역사회에 자연스럽게 융화되는 도시를 지향한다는 점이다. 생애활약 마을은 고령자가 지역사회와 단절되지 않고 적극적으로 참여하며, 어린이와 청년 등 다양한 세대와 협력할 수 있는 환경을 조성하는 데 초점을 맞추고 있다. 셋째, 의료와 돌봄이 필요할 때 지역에서 지속적인 케어를 받을 수 있도록 하는 것이다. 의료와 개호가 필요한 상황에서도 타지역의 병원이나 시설로 이동하지 않고, 지역 내에서 안심하고 돌봄을 받을 수 있는 체계 구축을 목표로 하며, 이는 지역포괄케어의 방향성과도 일치한다.

이와 같이 지역포괄케어와 생애활약 마을 구상은 서로 상충하거나 모순되지 않으며, 오히려 상호 연계를 통해 시너지 효과를 극대화할 수 있다. 특히, 지방자치단체가 생애활약 마을 구상과 지역포괄케어 정책을 통합적으로 추진한다면, 고령자와 지역 주민을 대상으로 한 다양한 서비스가 하나로 연결되어 제공될 수 있기 때문에 지역사회와 그 지역으로 이주한 고령자 사이의 교류가 더욱 활발해지고, 함께 성장하는 환경이 마련될 수 있다.

생애활약 마을 구상의 기본 콘셉트

생애활약 마을 구상은 다음 7가지를 기본 콘셉트로 하고 있다.

❶ 고령자의 희망에 따른 지방 및 도심으로의 이주 지원

도쿄권 등 대도시에 거주하고 있는 고령자가 자신의 희망에 따라 지방으로 이주해 '제2의 인생'을 시작할 수 있도록 지원한다. 이를 위해, 이주 희망자에게 지자체 중심의 맞춤형 지원을 제공하여 입주와 정착으로 이어질 수 있도록 돕는 것이 중요하다. 또한, 도쿄권 등에서 지방으로의 광역적 이주뿐만 아니라 생활 편의성 및 의료·개호 서비스의 효율적 확보를 고려하여 지역 내 이동도 고려할 수 있다.

❷ '건강하고 활기찬 삶'의 실현

건강한 상태에서의 입주를 기본으로 하여 고령자가 건강관리와 함께 취업, 평생 학습 등 다양한 사회활동에 참여하며 활기찬 삶을 이어가는 것을 목표로 한다. 이를 위해 목표 지향형 생애활약 플랜을 수립하고, PDCA(Plan, Do, Check, Act) 사이클을 통해 실현을 도모한다.

❸ 지역사회 및 다세대와의 협력

고령자들이 고립되지 않고, 지역사회에 적극적으로 융화되며, 어린이와 청년 등 다양한 세대와 협력하고 지역에 기여할 수 있는 환경을 조성한다. 이를 위해 입주자와 지역 주민이 자연스럽게 교류하며 함께 활동할 수 있는 다양한 공간을 마련하는 것이 중요하고, 지역 및 다세대와의 협력 실현을 위한 운영 지원 체계 구축이 필요하다.

❹ '지속 가능한 케어' 체계의 구축

의료와 개호가 필요해지는 시점에도 인생의 마지막 순간까지 존엄을 유지할 수 있도록 '지속 가능한 케어' 체계를 구축한다. 이를 위해 지역 의료기관과의 연계를 강화하며, 요양이 필요한 경우 입주자의 희망에 따라 생애활약 마을 사업자나 지역 개호 사업자를 통해 필요한 서비스를 받을 수 있도록 보장한다. 중증 요양 상태에서도 지역에 거주하며 개호 서비스를 안정적으로 받을 수 있는 체계를 기본 원칙으로 삼는다.

❺ IT 활용 등을 통한 효율적 서비스 제공

노동 인구 감소 시대를 대비해 의료·개호 분야의 인력 부족 문제를 해결하기 위해 IT 기술과 다양한 인력 자원을 활용한다. 더불어, 고령자들의 적극적인 참여를 통해 효율적이고 지속 가능한 서비스 제공 체계를 구축한다.

❻ 입주자의 참여와 투명한 운영 관리

사업 운영 과정에서 입주한 고령자가 커뮤니티 운영에 직접 참여할 수 있는 체계를 구축하여 자발적이고 주체적인 공동체 형성을 지원한다. 사업 운영이 외부에서도 명확히 점검될 수 있도록 기본 정보, 재무 상황뿐 아니라, 입주자의 요양 및 건강 상태 등 케어 관련 정보를 적극적으로 공개하여 투명성을 강화한다.

●● 생애활약 마을에서의 고령자 생활

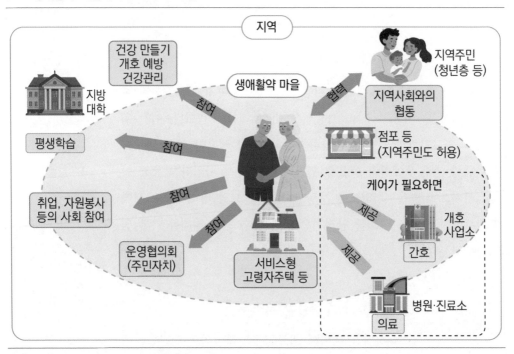

출처: 内閣官房まち・ひと・しごと創生本部事務局. (2016). 「生涯活躍のまち」構想に関する手引き (第3版). p.6.

❼ 구상을 실현하기 위한 다양한 지원

정보·인적·정책 지원 등 다양한 형태의 지원을 통해 생애활약 마을 구상이 구체적으로 실현될 수 있도록 지원한다.

● 생애활약 마을(生涯活躍のまち) 구상의 구체적 방향

생애활약 마을 구상은 입주자, 입지 및 주거환경, 서비스 제공, 사업 운영 등 네 가지 관점에서 구체화된다. 이 구상은 지역의 특성과 요구를 반영하여 '다양성'을 존중해야 하지만, 구상의 취지에 따라 일정한 수준을 유지할 필요가 있다. 이를 위해 '공통 필수 항목'과 '선택 항목'으로 나뉜다. 공통 필수 항목은 입주자의 안전과 안심을 보장하기 위하여 지역 특성과 관계 없이 준수해야 하는 공통적인 요인들을 말하고, 선택 항목은 지자체가 지역 특성 및 원하는 지역사회 조성 방향에 따라 선택할 수 있는 사항을 의미한다.

입주자

생애활약 마을 구상에서 입주자의 공통 필수 항목에는 입주 희망 의사 확인, 건강 상태, 연령 등 세 가지가 있다. 첫째, 입주 희망 의사 확인의 경우 입주자는 생애활약 마을의 기본 이념을 충분히 이해하고, 명확한 입주 의사를 가진 사람이어야 한다. 이를 위해 입주 희망자를 대상으로 사전 상담, 의견 수렴, 체험 거주 프로그램 등을 통해 신중하고 체계적인 입주 절차를 마련해야 한다. 둘째, 입주자는 기본적으로 건강한 상태에서 입주하는 것을 원칙으로 한다. 입주자는 지역사회에 자연스럽게 융화되고, 가능한 한 건강하게 생활할 수 있

어야 하며, 이후 의료나 요양의 필요가 높아진 경우에도 익숙한 지역
에서 계속 거주할 수 있도록 계획적인 주거 이전 및 교체를 준비하는
것이 중요하다. 다만, 요양이 필요한 고령자도 충분한 상담을 통해 입
주할 가능성을 열어둔다. 셋째, 입주 연령은 중·고령층을 중심으로
설정하며, 50대 이상을 주요 대상으로 한다. 단, 특정 연령대에 치우
치지 않고 폭넓은 연령층을 수용하여 특정 시점에 돌봄 수요가 급증
하는 상황을 방지하고 커뮤니티의 지속적인 안정성을 확보하는 것이
중요하다.

입주자에 관한 선택 항목은 입주자의 이주 형태, 입주자의 소득
수준, 입주자의 속성 등 세 가지가 고려된다. 첫째, 입주자의 이주 형
태는 도쿄권 등에서 지방으로 이동하는 광역 이주형과 근거리 지역에
서 이주하는 근린 이주형으로 구분된다. 둘째, 입주자의 소득 수준과
관련하여 일반적인 퇴직자[10]가 입주할 수 있는 비용 모델을 기본으
로 하며, 부유층을 대상으로 한 다양한 옵션도 고려한다. 셋째, 입주
자 속성의 경우 입주자의 출신 지역, 취미나 기호 등 개인적인 요구
를 반영하고, 지역이 필요로 하는 전문지식과 기술을 가진 인재를 우
선 모집하는 등 지역의 특성과 실정에 맞춘 전략을 고려할 수 있다.

입지 및 주거환경

입지 및 주거환경의 공통 필수 항목으로 지역사회(다세대)와의
교류 및 협력, 자립생활이 가능한 주거 공간, 운영 지원 시스템 구축
등 세 가지 요인이 있다. 첫째, 다세대와의 교류 및 협력에 있어서 중
·고령자가 지역사회에 자연스럽게 융화되어 어린이, 청년 등 다양한
세대와 활발히 교류하고 협력하며 지역사회에 기여할 수 있는 환경을

---

10) 후생연금(厚生年金)의 2015년 표준연금 월액 21.8만엔(고령자 부부 세대 기준)

조성한다. 이를 위해 지역교류 거점을 마련하고, 다양한 시설과 주거 공간을 체계적으로 조성할 필요가 있다. 특히, 신규 입주자와 기존 지역 주민 간의 원활한 소통과 협력을 고려한 세심한 배려가 요구된다. 둘째, 자립생활이 가능한 주거 공간의 경우 입주자가 건강한 시기부터 임종까지 안심하고 자립적인 생활을 할 수 있도록 주거환경을 제공함은 물론, 공동생활과 개인 생활의 균형을 유지할 수 있는 생활환경을 제공해야 한다. 이를 위해 서비스형고령자주택을 기반으로 하여, 지역사회 전체가 함께 돌봄 체계를 마련하는 환경을 조성하는 것이 중요하다. 셋째, 입주자의 생활과 관련된 서비스 전반을 관리·조정하는 운영 지원 시스템 구축과 관련하여, 지역교류 거점을 중심으로 입주자의 일상생활, 의료·요양, 지역교류 등 생활 전반의 서비스를 체계적으로 관리하고 조정할 운영 지원 기능을 구축해야 하며, 이를 담당할 전문 인력(코디네이터)을 배치해야 한다.

　　입지 및 주거환경의 선택 항목으로 입지, 지역적 확산, 지역 자원의 활용, 지역포괄시스템과의 연계 등 4가지가 고려된다. 첫째, 입지는 도시부의 시가지(まちなか)에 설치하는 마치나카형(まちなか型)과 전원 지역에 설치하는 전원지역형(田園地域型)으로 구분된다. 둘째, 지역적 확산의 경우 사업이 적용되는 지역의 범위에 따라 지역 내 소프트웨어·하드웨어 자원을 종합적으로 활용하는 타운형(タウン型)과 특정 지역을 집중적으로 개발하는 형태인 에리어형(エリア型)으로 구분한다. 셋째, 지역 자원의 활용에 있어 지역의 공실, 유휴시설, 기존 주택단지 등을 재활용하는 등 지역 내 다양한 자원을 활용할 수 있다. 타운형(タウン型)에서는 기존의 공실을 활용한 창의적인 도시 설계가 가능하며, 이를 통해 지역 활성화를 도모할 수 있다. 지역 자원 활용 시 커뮤니티의 편리성과 매력을 증대시키기 위해 지역 내 교통 접근성을 개선하거나 교통망을 확충하는 등 세심한 고려가 요구된다. 넷째, 생애활약 마을과 지역포괄케어시스템은 상호 유

기적으로 연계하여 시너지를 창출할 필요가 있다. 지자체가 두 개의 시스템을 통합적으로 운영하면 입주자와 지역 주민 모두에게 통합된 서비스를 제공할 수 있어 상호 교류 활성화에 기여할 수 있게 된다. 예를 들어, 생애활약 마을의 지역교류 거점으로 기존 복지 시설의 공간을 입주자와 지역 주민이 소통할 수 있는 커뮤니티 허브로 활용하거나, 운영 추진 기능을 담당하는 전문인력이 개호보험제도(介護保險制度)의 지역 지원 사업에서 활동하는 생활 지원 코디네이터 역할을 겸하거나 협력하여 지역 생활 지원 서비스를 체계적으로 구축하는 방안도 생각할 수 있다.

서비스 제공

생애활약 마을 구상의 서비스 제공에는 이주 희망자 지원, 건강하고 활기찬 생활을 지원하는 프로그램 제공, 지속 가능한 돌봄 체계 구축 등 3가지 공통 필수 항목이 있다. 첫째, 이주 희망자들에게는 충분한 정보 제공, 사전 상담, 의견 청취, 맞춤 매칭 등과 같은 서비스를 제공하며, 지역 생활을 체험할 수 있는 체험 거주 및 2개 지역 거주 프로그램을 운영하여 이주 준비 과정을 지원한다. 둘째, 건강하고 활기찬 생활을 지원하는 프로그램 제공과 관련하여, 건강한 중·고령자가 활발히 활동하기 위해서는 개인의 기술을 활용하고, 새로운 삶의 가치를 탐구할 기회를 제공하는 것이 중요하므로 입주자의 능력을 지역 자원과 연결해 주는 활동 계획 및 프로그램을 제공한다. 또한 '목표 지향형 생애활약 플랜'을 수립하여 건강관리, 취업, 평생학습 등 다양한 사회적 활동을 통해 활기찬 생활을 추구할 수 있도록 한다. 셋째, 지속적인 돌봄 구축에 있어서는 의료 및 요양이 필요해질 때부터 인생의 마지막 단계까지 존엄 있는 삶을 보낼 수 있도록 지역 의료기관과 연계하여 '지속적인 돌봄' 체계를 마련해야 한다. 중증 요양이 필요한 상태에서도 지역 내 거주를 유지하며 필요한 돌봄 서비스를 받을 수 있는 환경을 조성하는 부분도 포함된다.

　　서비스 제공의 선택 항목에는 주거 이전 지원, 취업 및 사회 참여 지원, 기타 등 세 가지가 있다. 첫째, 주거 이전 지원으로, 고령자가 현재 소유하고 있는 주택 등의 자산을 젊은 세대에게 매도나 임대를 수월하게 하기 위한 지원 방안이 검토된다. 민간 부문에서도 지역 금융 기관과 협력하여 임대료를 담보로 한 대출 프로그램을 제공하거나, 유지·보수 및 리모델링을 통해 활용 가치를 높인 중고 주택에 대해 공정한 매매 평가를 진행하여 자산 가치를 극대화하는 노력도 이루어지고 있다. 둘째, 취업 및 사회 참여 지원의 경우 고령자들의 다양한 니즈를 반영하여 고령자를 위한 취업 기회, 지역 내 육아 지원 활동, 학습 지원, 지역 대학·도서관·박물관 등 사회교육 시설과 연계된 평생학습 기회 제공 등 다양한 지원 서비스가 마련된다. 셋째, 기타로 의료 및 요양 서비스는 입주자의 요구에 따라 운영 추진 주체가 직접 제공하는 내부 방식과 지역 내 의료·요양 사업자가 제공하는 외부 방식으로 구분되어 제공된다. 의료·요양 인력 부족 문제를 해결하기 위해 IT 기술 활용, 다양한 인력의 융합적 접근, 고령자의 적극적 참여 유도 등을 통해 효율적인 서비스 제공을 목표로 한다.

사업 운영

　　사업 운영 부분에서는 두 가지 공통 필수 항목, 즉, 입주자의 사업 참여, 정보공개가 있다. 첫째, 입주자의 사업 참여의 경우 입주자들이 커뮤니티의 형성과 운영에 적극적으로 참여할 수 있는 기회를 제공하여 자율적이고 지속 가능한 커뮤니티를 만들어 나가도록 한다. 둘째, 정보공개에 있어서 입주자와 지역사회 이해관계자들이 사업 운영을 투명하게 점검할 수 있도록 생애활약 마을의 기본 정보, 재정 상황, 입주자 요양 인정률, 건강 상태 등의 정보를 공개하여야 한다.

● 생애활약 마을 구상의 구체적 방향

구분	공통 필수 항목	선택 항목
입주자	• 입주 희망 의사 확인 • 입주자 건강상태 • 입주자 연령	• 입주자의 이주 형태 • 입주자의 소득 수준 • 입주자의 속성
입지 및 주거환경	• 지역사회(다세대)와의 교류 및 협력 • 자립생활이 가능한 주거 공간 • 운영 지원 시스템 구축	• 입지 • 지역적 확산 • 지역 자원의 활용 • 지역포괄시스템과의 연계
서비스 제공	• 이주 희망자 지원 • 건강하고 활기찬 생활을 지원하는 프로그램 제공 • 지속 가능한 돌봄 체계 구축	• 주거 이전 지원 • 취업 및 사회 참여 지원 • 기타
사업 운영	• 입주자의 사업 참여 • 정보공개	• 다양한 주체에 의한 사업 실시 • 지속 가능한 사업 운영 • 커뮤니티의 적정 인구 구성 유지

출처: 内閣官房まち・ひと・しごと創生本部事務局. (2016). 「生涯活躍のまち」構想に関する手引き (第3版). p.15.

생애활약 마을 구상에서 사업 운영의 선택 항목에는 다양한 주체에 의한 사업 실시, 지속 가능한 사업 운영, 커뮤니티의 적정 인구 구성 유지 등 세 가지가 있다. 첫째, 다양한 주체에 의한 사업 실시의 경우 민간 기업, 의료 및 사회복지 법인, 대학, NPO(비영리단체), 마을 조성(まちづくり) 회사(제3섹터) 등 다양한 주체들이 협력하여 사업을 추진하는 구조를 지향한다. 이러한 협력을 통해 지역 특성을 반영하고 각 사업 주체의 강점을 살린 생애활약 마을 개발이 가능해진다. 둘째, 지속 가능한 사업 운영과 관련하여 생애활약 마을 사업의 장기적 운영을 위하여 수익 구조를 명확히 분석하고 이를 기반으로 지속 가능한 대안을 마련해야 한다. 운영 주체는 주거, 의료·요양, 평생학습, 취미활동 등 구체적인 서비스를 설계하고, 안정적인 수익을 창출할 경영 전략을 마련해야 하며, 지역 자원과 기존 보조금 활용,

초기 비용 및 유지 비용 절감을 위한 효율적 자금 조달 방안을 함께 강구할 필요가 있다. 셋째, 커뮤니티의 적정 인구 구성을 유지하기 위하여 특정 세대가 집중되지 않도록 입주 시기를 조정하여 단계적으로 커뮤니티에 유입되도록 하는 등 입주 대상자 선정 및 유치 정책을 마련하고, 커뮤니티의 정보를 적극적으로 제공하여 커뮤니티로의 지속적인 신규 유입을 유도한다.

● 생애활약 마을(生涯活躍のまち) 추진 시 주체별 역할

생애활약 마을 사업을 추진할 때에는 국가, 지방자치단체(이하 지자체), '운영추진기능'을 담당하는 사업주체가 적절하게 역할을 분담하는 동시에 연계하는 것이 중요하다.[11]

국가의 역할

2016년 4월 20일 개정된 지역재생법에 따라 생애활약 마을 구상이 지역재생 제도의 한 축으로 자리 잡게 되었다. 이를 기반으로 국가는 지역재생과 관련된 다음 세 가지 주요 역할을 수행한다. 첫째, 지역재생 기본방침의 작성으로, 생애활약 마을 구상에 관한 기본방향과 주요 사항을 명확히 제시한다. 둘째, 지방자치단체의 지역재생계획 승인이다. 지방자치단체는 지역 실정에 맞는 지역재생계획을 수립하며, 국가는 이를 기본방침에 따라 승인함으로써 지역별 특성과 수요를 반영한 정책 추진을 지원한다. 셋째, 정책적 지원 조치의 시행이다. 안내서를 제작하고 필요한 정보를 체계적으로 제공하는 정보 지

---

11) 内閣官房まち・ひと・しごと創生本部事務局. (2016). 「生涯活躍のまち」構想に関する手引き (第3版).

원, 관계 부처가 협력하여 구성한 생애활약 마을 조성 지원팀을 통해 지방자치단체를 직접 지원하는 인적 지원, '지방창생추진교부금'을 활용하여 선도적인 시범 사업을 적극 뒷받침하는 재정 지원 등이 이에 해당한다.

지자체 역할

지자체는 생애활약 마을 사업 추진을 위해 지역재생계획 작성, 사업주체 선정, 생애활약 마을 사업계획 작성, 사업주체(지역재생법인)에 대한 지도·감독·지원 등의 역할을 수행한다.

첫째, 지역재생계획 작성 시 지자체는 지역의 실정에 맞는 생애활약 마을 구상을 구체화하고, 이를 지방판 종합전략에 반영한 후 조성사업의 세부 내용을 담은 지역재생계획을 작성하여 국가의 승인을 받는다. 계획 수립 시에는 민간과의 협력을 확대하여, 민관이 함께 참여하는 구상 검토 회의(지역재생협의회) 등을 통해 지역 사업자와 적극적으로 협의하도록 한다.

둘째, 지자체는 운영 추진 기능을 담당할 적합한 사업주체를 선정해야 한다. 사업주체는 인력 배치, 재무 상황 등 적격성을 평가하여 지역재생계획에 따라 업무를 원활히 수행할 수 있는지를 기준으로 선정된다. 필요에 따라 공모 방식으로 모집할 수 있으며, 선정된 사업주체는 지역재생제도 내에서 지역재생추진법인으로 지정될 수 있다.

셋째, 조성사업의 세부 실행 계획을 담은 생애활약 마을 조성사업계획을 작성하여야 한다. 조성사업계획에는 지역 주민과 이주민의 사회적 활동 참여 촉진, 고령자에게 적합한 주거환경 조성, 지속 가능한 돌봄 체계 구축, 이주 희망자를 위한 정착 지원 등과 같은 방안들이 포함되어야 한다. 계획은 지역의 특성과 자원을 기반으로 구체적이고 실질적인 내용을 담아야 하며, 이주 희망자가 생애활약 마을을 선택하는 데 필요한 판단 기준을 제공할 수 있어야 한다.

넷째, 지자체는 조성사업의 실행 과정에서 운영 추진 기능을 담당하는 사업 주체를 적절히 지도·감독해야 한다. 특히, 사업이 지역재생계획 및 조성사업계획의 취지와 다르게 진행될 경우, 지자체는 사업주체를 재선정하거나 지역재생추진법인 지정 취소 등의 조치를 취할 수 있다. 사업주체가 추진하는 공익적 사업(지역교류 사업, 조정자 배치 등)에 대해서는 지자체가 필요한 지원을 제공하여 지역의 다양한 이해관계자가 조화롭게 협력할 수 있는 환경을 조성하여야 한다.

사업주체(지역재생추진법인)의 역할

생애활약 마을과 관련된 사업 운영은 민간기업, 의료법인, 사회복지법인, 대학 및 사회교육시설, 비영리단체(NPO), 마을 조성(まちづくり) 회사(제3섹터) 등 다양한 사업주체가 참여하여 운영 추진 기능을 담당한다. 이러한 사업주체들은 지역재생계획 및 생애활약 마을 조성사업계획을 바탕으로 지역교류 거점을 조성하고, 입주민들에게 일상생활·의료·돌봄·지역교류 등 다양한 서비스를 제공하며, 프로그램 개발과 서비스 조정을 통해 '운영 추진 기능'을 발휘해야 한다.

사업주체의 역할에는 조성사업계획안 작성, 관련 사업자와의 협력 및 제휴, 커뮤니티 형성 및 활성화 등이 있다. 사업주체는 신청을 통해 지역재생추진법인 지정을 받을 수 있으며, 지정된 법인은 지역재생계획에 따라 지역 특성을 반영한 사업계획안을 작성하여 지자체에 제안한다. 지역재생추진법인은 의료·돌봄·주거 등 핵심 서비스를 제공하는 한편, 교육·스포츠·사회활동·취업 프로그램 등을 타 기관과 협력하여 운영하며, 이를 조율하는 역할을 수행한다. 또한, 지역재생추진법인은 지역교류 거점을 설치하고 코디네이터를 배치하여 입

주민과 지역 주민이 함께 참여하는 커뮤니티를 형성하며, 필요시 입
주민과 관련 기관이 참여하는 운영협의회를 구성하여 커뮤니티 자치
운영을 지원한다.

● 국가, 지자체, 사업주체의 역할 분담 및 제휴

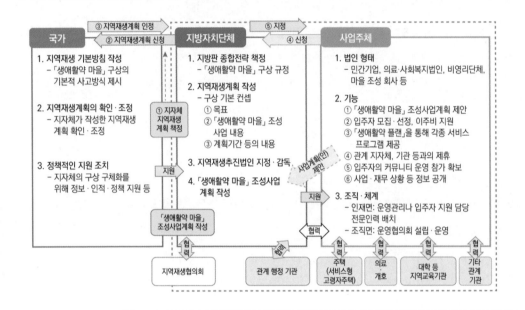

출처: 内閣官房まち・ひと・しごと創生本部事務局. (2016). 「生涯活躍のまち」構想に関する手引き (第3版). p.40.

4.2 일본형 CCRC 사례

일본은 CHAPTER 1에서 살펴본 미국의 CCRC를 일본식으로 변형한 모델을 개발하고 있고, 기존의 시니어주택과 커뮤니티를 기반으로 한 다양한 사례들이 등장하고 있다. 완벽한 형태의 일본형 CCRC는 아니지만 다세대 공존, 지역사회와의 협력, 거주자의 주체성 확보라는 요소를 일부 구현하며 장기적으로 일본형 CCRC의 방향성을 제시하고 있다.[12]

---

12) 松田智生. (2017). 日本版CCRCがわかる本: ピンチをチャンスに変える生涯活躍のまち. 法研.

쉐어 가나자와(シェア金沢)

소재지	이시카와현 가나자와시 오카마쓰쬬 104-1(石川県金沢市若松町104-1)
부지면적 (연면적)	35,766.96 ㎡ (8,098.69 ㎡)
주거 면적	42.08 ~ 43.74 ㎡
호(戶)수	서비스형고령자주택 : 32호, 아동 입소 시설 : 4호, 학생용 주택 : 6호
준공(개업) 시기	2013년
운영사	사회복지법인 佛子園
비용	입주시 비용 : 201,900円~, 임대료 : 월 147,890円 ~, 관리비 : 8,000円

쉐어 가나자와13)14)는 일본 이시카와현 가나자와시(石川県金沢市)에 위치한 다세대 공생 커뮤니티로, 고령자, 장애인, 학생, 지역 주민 등 다양한 배경을 가진 사람들이 함께 살아가는 새로운 형태의 지역사회 모델이다. 이 커뮤니티는 과거 국립병원 부지(약 11,000평)를 활용하여 설계되었고, '내가 만드는 마을'과 '뒤섞인 마을(ごちゃまぜの街)'을 컨셉으로, 계획 단계부터 지역 주민과 다양한 이해관계자들이 협력하여 조성되었다. 이곳은 일본형 CCRC(생애활약 마을)의 선도 사례로 꼽히며, 다세대 및 다양한 배경을 가진 사람들이 조화를 이루며 공존할 수 있는 지속 가능한 모델로 평가받고 있다.

세대와 배경을 초월한 공생 모델

쉐어 가나자와는 서비스형고령자주택, 학생용 주택, 장애아동 시설 등 다양한 주거 형태를 한 공간에 조성하여 세대와 배경을 초월한 공생을 지향한다. 학생 주택은 저렴한 임대료를 제공하되, 월 30시간의 자원봉사 활동을 조건으로 하여 학생들이 지역사회와 연계된 활동을 할 수 있도록 유도한다. 주택 간 거리와 통로를 좁게 설계하여 자연스러운 교류를 촉진하고, 각자의 집에서 밖으로 나가면 누구나 서로 마주칠 수 있는 분위기를 조성하였다.

---

13) 쉐어 가나자와(シェア金沢) 웹 사이트, https://share−kanazawa.com/
14) 小谷みどり. (2017). 「シェア金沢」に学ぶ多世代共生コミュニティ. *Life design report= ライフデザインレポート*, (223), 31−36.

● 다양한 편의시설과 활동

시설 내에는 고령자, 장애인, 지역 주민 모두가 활용할 수 있는 다양한 복지 및 상업 시설을 갖추고 있다. 고령자를 위한 데이서비스와 방문 간호 서비스, 학생과 주민이 이용할 수 있는 천연 온천, 레스토랑, 매점, 스포츠 시설 등이 마련되어 있다. 이곳의 모든 시설은 지역 주민에게도 개방되어 있으며, 온천은 무료로 이용할 수 있다. 이를 통해 커뮤니티 내부뿐만 아니라 외부 지역 주민과의 연결을 강화하고 있다.

● 지역과의 연계 및 커뮤니티 활성화

쉐어 가나자와는 '지역 주민과의 교류를 활성화하는 데 중점'을 두고 있다. 천연 온천과 카페, 알파카 목장, 방과후 돌봄 시설 등은 지역 주민들에게 무료 또는 저렴한 비용으로 제공되며, 이를 통해 지역 주민들과의 활발한 상호작용을 유도하고 있다. 알파카 목장은 장애인들이 관리하고 있으며, 지역 아이들이 이곳을 방문하여 알파카를 보며 교류하는 장으로 활용된다. 이러한 시설들은 지역 주민들뿐만 아니라 인근 지역에서 온 방문객들에게도 개방되어 지역 경제에도 긍정적인 영향을 미친다.

● 지속 가능한 커뮤니티 운영

쉐어 가나자와의 운영은 지역 주민과 커뮤니티 구성원들이 자발적으로 참여하고 협력하는 방식으로 이루어진다. 시설 내 상업 및 서비스 공간은 고령자와 장애인을 비롯한 주민들이 주도적으로 관리하며, 이러한 운영 방식은 커뮤니티 구성원들의 자립과 책임감을 고취시키는 동시에 공동체의 자치 역량을 강화시키고 있다. 또한, 학생, 지역 주민, 운영자들은 정기적인 모임을 통해 커뮤니티의 방향성과 운영 방안을 논의하며, '모두가 함께 만드는 마을'이라는 이상을 실현하고자 노력하고 있다. 이처럼 세대와 배경이 다양한 구성원들은 각자의 역할을 통해 상호 보완적으로 활동하고, 공동체 의식과 유대감을 키우는 데 큰 역할을 한다.

🔴 사회 참여 및 경제적 자립 지원

쉐어 가나자와는 고령자와 장애인의 사회 참여를 적극적으로 지원한다. 주민들은 온천 청소, 매점 운영 등 다양한 활동에 자발적으로 참여하며, 이를 통해 서로 간의 유대감과 자립심을 키운다. 또한 장애인을 위한 고용 지원 사업을 통해 장애인들이 경제적으로 자립할 수 있는 일자리를 제공하고 있으며, 이들은 온천, 레스토랑, 스포츠 시설 등에서 근무하고 있다.

쉐어 가나자와(シェア金沢)의 공용공간(왼쪽)과 온천

유이마루나스(ゆいま~る那須)

소재지	도치기현 나스군 나스마치 토요하라오쯔 627-115 (栃木県那須郡那須町豊原乙627-115)
부지면적 (연면적)	9,978.05 ㎡ (3,528.26 ㎡)
주거 면적	33.12 ~ 66.25 ㎡
호(戸)수	71호(서비스형고령자주택)
준공(개업) 시기	2010년 1기, 2012년 2기
운영사	주식회사 커뮤니티 네트(株式会社コミュニティネット)
비용	입주비 : 134,600円 ~ 284,800円, 월이용료 : 111,100円 ~ 208,500円

유이마루나스15)16)는 일본 도치기현 나스마치(栃木県那須町)에 위치한 고령자 주거 커뮤니티로, 2010년 11월 1기 개관, 2012년 1월 2기 개관을 통해 총 71실 규모로 조성된 서비스형고령자주택이다. 이곳은 풍부한 자연환경 속에서 지역 자원을 적극 활용해 조성되었으며, 단순히 고령자 주거를 제공하는 시설을 넘어, 지역사회와의 연계와 지속 가능성을 지향하는 선도적인 커뮤니티로 평가받고 있다.

자연과 어우러진 생활공간

풍부한 자연환경에 둘러싸여 있는 유이마루나스는 동북 신칸센 신시라카와역에서 차량으로 15분 거리에 위치하며, 조용하고 녹음이 우거진 지역사회 속에서 고령자들이 심리적 안정과 여유를 누릴 수 있도록 돕는다. 입주비용은 1,175만 엔에서 2,489만 엔으로 설정되어 있으며, 월 4만 엔 정도의 관리비와 지원비로 합리적인 생활이 가능하다. 이러한 비용 설계는 여성 고령자들의 연금 수준을 고려한 것으로, 경제적인 제약이 있는 이들에게도 접근 가능한 모델을 제시하고 있다.

입주자의 활발한 일상과 커뮤니티 활동

입주자들은 각자의 라이프스타일에 맞게 자유롭게 생활하며, 가

---

15) 유이마루나스(ゆいま~る那須) 웹 사이트, https://yui-marl.jp/nasu/
16) 高尾, & 真紀子. (2018). 日本版 CCRC の課題と可能性: ゆいま~ るシリーズ を事例として.

드닝, 채소 재배, 인근 목장의 송아지 돌보기 등 자연과 함께하는 활동을 즐긴다. 더불어, 음악 카페, 크리스마스 콘서트, 자연 탐방 등 다양한 이벤트를 통해 활력을 유지하며, 입주자 간의 관계를 돈독히 하고 있다. 이러한 프로그램은 단순한 여가를 넘어 입주자들 사이에 따뜻한 유대감을 형성하는 중요한 매개체가 되고 있다. 또한, 지역 통화를 활용하여 입주자 간의 서비스 교환과 유대를 강화한다. 이 통화는 식당에서의 식사, 이웃 간의 서비스 제공, 미용, 청소나 가사 활동 대행 서비스, 운송 서비스 등 다양한 용도로 사용되며, 커뮤니티 내 상호 지원과 협력의 도구로 자리 잡고 있다.

지역과 조화를 이루는 커뮤니티 모델

유이마루나스는 특히 지역과의 긴밀한 협력을 통해 커뮤니티 통합 모델을 구축하였다. 이 시설은 지역 의료기관과 협력하여 응급 상황 시 신속한 병원 이송과 통원 치료, 가정 간호 및 임종 돌봄까지 체계적으로 지원한다. 도서관, 음악실, 식당 등 다양한 커뮤니티 공간을 외부에 개방하여 지역 주민과의 교류를 촉진한다. 이러한 공간은 단순한 시설의 경계를 넘어 다세대가 어우러지는 새로운 형태의 소통의 장으로 그 기능을 하고 있다.

입주자 참여를 통한 운영 철학

유이마루나스는 입주자들이 커뮤니티의 주체로 참여하도록 하는 운영 철학을 기반으로 하고 있다. 설계 초기부터 입주 희망자들의 의견을 반영하여 시설 구성과 운영 방식을 결정하였고, 이를 통해 높은 입주율을 기록하며 안정적으로 출발할 수 있었다. 이런 철학은 입주자들이 커뮤니티의 중요한 구성원으로서 소속감과 책임감을 느끼게 하며, 공동체적 삶의 가치를 공유하도록 돕는다. 또한, 입주자 간의 느슨하지만 지속 가능한 관계망을 형성하여 고립을 방지하고 안정감을 제공한다.

유이마루나스(ゆいま~る那須)의 주거 공간

유이마루나스(ゆいま~る那須)의 공용공간

스마트 커뮤니티 이나게(スマートコミュニティ稲毛)

소재지	치바현 치바시 이나게구 나가누마쬬 93-1 (千葉県千葉市稲毛区長沼町93-1)
부지면적 (연면적)	22,767.09 ㎡ (53,345.24 ㎡)
주거 면적	33.24 ~ 106.7 ㎡
호(戸)수	876호
준공(개업) 시기	2010년
운영사	주식회사 스마트 커뮤니티(株式会社スマートコミュニティ)
비용	입주비 : 20,430,000円~, 월이용료 : 143,200円~

스마트 커뮤니티 이나게(スマートコミュニティ稲毛)[17][18]는 일본 치바현 치바시 이나게구(千葉県千葉市稲毛区)에 위치한 일본 최초의 CCRC로, 건강한 노년층이 활기찬 생활을 이어갈 수 있도록 다양한 지원과 서비스를 제공하는 커뮤니티이다. 분양 멘션과 커뮤니티 시설이 결합된 스마트 커뮤니티 이나게는 고령자들이 건강한 상태에서 입주하여 삶의 질을 높이며, 장기적으로 지속 가능한 노후 생활을 즐길 수 있도록 설계되었다. 스마트 커뮤니티 이나게는 입주자의 건강과 활발한 활동을 최우선으로 고려하여 신체적·정신적 건강을 유지하며 활기찬 노후를 보낼 수 있는 환경을 제공하고 있다.

건강관리와 맞춤형 케어 서비스

스마트 커뮤니티 이나게는 전문인력을 통해 입주자들의 건강을 세심하게 관리한다. 보건사, 간호사, 케어 매니저가 상주하며 입주자들에게 정기적인 건강 상담과 운동 프로그램을 제공한다. 특히, 스트레칭과 체조, 인지 예방 운동 등 다양한 활동을 통해 신체적·정신적 건강을 유지할 수 있도록 돕는다. 또한, 입주자의 필요에 따라 맞춤형 케어 플랜을 작성하고, 방문 케어 서비스를 통해 지속적인 지원을 보장하고 있다. 균형 잡힌 식생활 역시 지원하고 있는데, 관리 영양사와 요리장이 협력하여 영양 균형을 고려한 메뉴를 기획하며, 입주자들에게 매일 30종 이상의 메뉴를 제공한다.

---

17) 스마트 커뮤니티 이나게(スマートコミュニティ稲毛) 웹 사이트, https://www.smartcommunity.co.jp/

18) 高橋昌子, & タカハシマサコ. (2016). 元気高齢者が生き生きと暮らせる住まい方: 日本版 CCRC の事例より. 神戸親和女子大学福祉臨床学科紀要, (13), 7-14.

다양한 활동과 커뮤니티 형성

이 커뮤니티는 입주자들이 활기차고 사회적으로 연결된 삶을 유지할 수 있도록 약 80종 이상의 활동 프로그램과 50개 이상의 서클을 운영한다. 스포츠 프로그램으로 테니스, 골프, 배드민턴, 재즈 댄스, 밸런스 볼, 태극권, 탁구, 건강 의자 체조 등이 있고, 문화 프로그램으로는 회화(유화, 파스텔, 수채화 등), 서예, 도예, 합창, 우쿨렐레, 바둑, 역사 강좌, 수예, 뇌 트레이닝 등이 있다. 이러한 다양한 프로그램은 입주자들의 취미와 관심사를 충족시키는 동시에, 새로운 인연을 만들고 신체적 건강 및 사회적 유대감도 강화할 수 있는 기회를 제공한다.

24시간 안전 관리 및 안심 지원

입주자들의 안전을 보장하기 위해 365일 24시간 대응 체계를 갖추고 있다. 야간에도 응급 상황 발생 시 즉시 대응할 수 있는 시스템을 운영하며, 가까운 의료기관과 연계하여 적절한 진료와 치료를 제공한다. 또한, 커뮤니티 내에 치과 클리닉을 설치하여 입주자들이 편리하게 의료 서비스를 이용할 수 있도록 지원한다. 고독사 방지를 위한 안부 확인, 건강상의 이유로 식사 장소까지 갈 수 없는 입주자들을 위한 도시락 배달, 거동이 불편한 입주자들을 위해 거주하는 공간과 클럽하우스를 왕복하는 전용차량 운행 등과 같은 서비스도 마련되어 있다.

재고 활용을 통한 효율적 운영

스마트 커뮤니티 이나게는 기존의 상업 시설과 운동 시설을 리모델링하여 운영 효율성을 높였다. 클럽하우스는 대형 상업 시설을 리모델링한 것으로, 신축하는 것에 비해 저렴한 비용으로 건축이 가능하였다. 커뮤니티 전용 그라운드에서는 테니스, 야구, 축구 등 다양한 스포츠 활동이 가능하며, 이는 기업의 건강보험조합에서 소유했던 기존 시설을 활용한 것이다.

지역사회 활성화 및 고용 창출

스마트 커뮤니티 이나게는 약 190명 이상의 고용을 창출하여 지역사회에 기여하고 있다. 정규직과 비정규직으로 구성된 이 인력은 커뮤니티 운영과 서비스 제공을 지원하며, 지방자치단체에는 주민세와 고정 재산세 등 세수 확보에 도움을 준다. 이 모델은 고령화 시대에 지방자치단체의 활성화를 위한 새로운 방향성을 제시한다.

스마트 커뮤니티 이나게(スマートコミュニティ稲毛) 55 ㎡ 모델룸 내부

스마트 커뮤니티 이나게(スマートコミュニティ稲毛) 클럽하우스 외관(왼쪽)과 내부

松田智生(2017)은 일본형 CCRC를 구성하는 6개의 주요 테마와 그 구체적인 모델을 제시하고 있다.[19] 이 모델들은 시니어들의 다양한 요구를 충족시키는 동시에 지역사회와 협력하여 더 나은 미래를 설계하는 데 그 역할을 다할 수 있다고 사료되므로, 국내에 적용할 수 있는 아이디어를 얻는 기회로 소개하고자 한다.

활기를 살리는 모델

시니어들이 활기를 찾고 지역사회와 긴밀하게 연결될 수 있는 방식으로 설계된 모델이다.

테마파크 연계형 CCRC

테마파크 연계형 CCRC는 디즈니랜드, 유니버설 스튜디오 재팬, 하우스텐보스 등 대형 테마파크와 연계하여 설계된 모델이다. 이곳의 주민들은 퍼레이드와 불꽃놀이를 매일 즐기고, 테마파크 내 레스토랑에서 식사를 하며, 관광객과의 교류 기회를 통해 삶의 활기를 되찾을 수 있다. 손자들이 조부모를 자주 방문하고 싶어 하는 장소로 설계되

---

19) 松田智生. (2017). 日本版CCRCがわかる本: ピンチをチャンスに変える生涯活躍のまち. 法研.

어 세대 간 교류를 활성화할 수 있다. 건강한 시니어는 테마파크에서 파트타임으로 일하거나, 외국어 능력을 활용해 해외 관광객의 통역을 도와주는 기회를 얻을 수 있다.

쇼핑센터 연계형 CCRC

쇼핑센터 연계형 CCRC는 아울렛과 대형 쇼핑몰 근처에 위치하며, 주민들이 일상적으로 걸어서 쇼핑할 수 있는 환경을 제공하는 모델이다. 푸드코트, 마사지 시설, 온욕 시설 등 다양한 편의시설은 주민들의 삶을 풍요롭게 하고, 거주자가 매장에서 상품 개발에 참여하거나 근무하면서 지역 통화로 보수를 받을 수 있는 프로그램도 마련되는 등 지역 경제 활성화에 기여할 수 있다.

● 스포츠를 활용한 모델

스포츠는 시니어들의 건강 유지뿐만 아니라 커뮤니티 형성에 중요한 요소로, 이를 활용한 모델이다.

야구장 연계형 CCRC

야구장 연계형 CCRC는 일본의 대표 스포츠인 야구를 중심으로 설계된 모델로, 거주자들에게 경기를 가까이서 관람하며 팬 문화를 즐길 수 있는 환경을 제공한다. 거주자들은 박스석과 같은 특별 좌석에서 경기를 즐길 뿐만 아니라, 경기 후 선수들과의 만남이나 팬미팅에 참여할 수 있다. 젊은 선수들의 성장을 응원하고, 프로 구단과 함께하는 특별 이벤트에 참여하며 야구를 중심으로 한 활기찬 커뮤니티를 형성할 수 있다.

골프장 연계형 CCRC

골프장 연계형 CCRC는 필드와 자연이 어우러진 환경에서 골프 애호가인 시니어들의 건강과 여가를 모두 충족시킬 수 있는 모델이다. 집에서 나가면 바로 골프장이 펼쳐지고, 커뮤니티 구성원과 골프를 즐기며 하루를 보낼 수 있다. 골프장의 기존 시설을 리노베이션하여 고품질의 주거 공간으로 활용하고, 시니어 캐디를 건강관리 및 조언 역할로 배치하는 등 혁신적 방식도 제안될 수 있다.

● 예술과 문화 중심 모델

시니어들의 정서적·심리적 만족감을 채워주는 요소인 예술과 문화를 활용한 모델이다.

미술관·박물관 연계형 CCRC

미술관·박물관 연계형 CCRC는 예술 애호가들이 일상에서 작품을 감상하며, 예술적 영감을 얻을 수 있는 공간을 제공한다. 거주자들은 큐레이터로서 전시를 기획하거나 작품 해설과 관련 프로그램을 운영할 수 있다. 이러한 활동은 시니어들에게 사회적 역할을 부여하고 삶의 보람을 제공할 수 있다. 또한, 시니어들은 지역 대학과 협력하여 미술사, 고고학, 천문학 등 다양한 학문을 배울 수 있는 기회를 얻음으로써 지역 교육 기관에도 새로운 학습 수요를 창출할 수 있다.

전통 료칸·호텔 연계형 CCRC

전통 료칸·호텔 연계형 CCRC는 일본 고유의 문화적 정체성을 강조하는 모델로, 일본 전통 료칸과 명문 호텔 고유의 환대 문화를 살려 거주자들에게 품격 있는 주거환경을 제공할 수 있는 특징이 있다. 거주자들은 호텔의 호스피탈리티 프로그램에 참여하거나, 지역 주민들에게 환대의 기술을 가르치는 워크숍을 운영할 수 있다.

● 지역의 매력을 활용한 모델

지역의 특성과 자연 자원을 최대한 활용한 모델이다.

온천마을 연계형 CCRC

온천마을 연계형 CCRC는 건강과 휴식을 제공하는 온천의 치유 효과를 중심으로 한 모델로, 시니어들에게 심신의 안정을 제공한다. 거주자들은 매일 온천욕을 즐기며, 근처 의료시설과의 연계를 통해 체계적인 건강관리를 받을 수 있다. 온천의 종류에 따라 다양한 건강 효과를 누릴 수 있어 거주자의 건강 상태에 맞춘 온천 프로그램을 운영할 수도 있고, 지역 주민들과 함께 온천마을의 관광 산업을 활성화하는 프로젝트에 참여할 수 있다.

기업보유자산 연계형 CCRC

기업보유자산 연계형 CCRC는 기업이 보유한 연구소, 사택, 병원 등 기존 자산을 활용하여 시니어 친화적인 커뮤니티를 조성하는 모델이다. 이 모델은 퇴직한 엔지니어가 현지 학교에서 과학 교실을 운영하거나, 기업의 연구 프로젝트에 자문 역할을 수행하는 등 시니어들이 자신의 경력과 전문성을 지역사회와 공유하며 지역 경제에 기여할 수 있는 기회를 제공한다.

다세대를 연결하는 모델

다양한 세대 간 교류를 중심으로 하는 모델이다.

대학연계형 CCRC

대학연계형 CCRC는 CHAPTER 2의 UBRC와 유사한 유형으로, 시니어들이 학문적 열정을 되살리고 청년 세대와 활발히 교류할 수 있는 장을 제공하는 모델이다. 시니어들은 대학에서 열리는 강좌에 참여하거나, 독자적인 연구 프로젝트를 수행하며 지적 성취를 경험할 수 있고, 강의나 세미나 안에서 젊은 세대에게 자신들의 풍부한 경험과 지식을 전수할 수 있다. 캠퍼스 내 도서관, 체육 시설, 예술 공연장은 주민들에게 다양한 문화적 활동 제공이 가능하다. 이러한 공간은 다세대가 어우러져 학문, 예술, 스포츠 등 여러 분야에서 협력할 수 있는 장소로 그 역할을 할 수 있다.

지방 명문 고교 연계형 CCRC

지방 명문 고등학교는 지역 주민들의 자부심과 정체성을 반영하는 중요한 교육 기관으로, 졸업생들은 고향과의 강한 연대를 유지하며 은퇴 후 모교와 가까운 CCRC에서 생활할 수 있다. 이 모델은 지역 인재 양성에 기여하며, 졸업생들이 후배들에게 멘토링 프로그램을 제공하고 강연과 워크숍을 통해 지혜를 나눌 기회를 만들 수 있다. 또한 졸업생들이 모교에 장학금을 기부하거나, 지역 커뮤니티 프로젝트를 후원하면서 지역사회에 긍정적인 영향을 미칠 수 있다.

● 라이프스타일을 반영한 모델

시니어들의 개별적 라이프스타일에 맞춘 다양한 거주 형태를 제시한다.

1인형 CCRC

1인형 CCRC는 혼자 있는 것을 선호하는 시니어들을 충족시키는 모델로, 개인의 프라이버시를 철저히 존중하며, 필요한 경우 커뮤니티와 연결될 수 있는 환경을 제공하여 커뮤니티와의 적절한 거리감을 유지할 수 있도록 한다. 1인형 CCRC는 혼자 여행하거나 새로운 취미를 시작하려는 시니어들을 위해 여행 동아리나 창작 워크숍을 운영하는 등 다양한 라이프스타일을 지원할 수 있다.

계절순환형 CCRC

계절순환형 CCRC는 계절과 취향에 따라 일본 전역의 다양한 CCRC를 여행하며 거주하는 유형으로, 관광과 생활을 결합한 모델이다. 여름에는 홋카이도나 도호쿠의 시원한 지역에서, 겨울에는 오키나와나 규슈의 따뜻한 지역에서 거주할 수 있어 자연의 아름다움과 지역 문화를 경험할 기회를 제공한다. 역사에 관심 있는 시니어는 일본의 성과 전통 유적지 근처의 CCRC를 순회하며 각 지역의 문화와 역사를 배우는 시간을 가질 수 있고, 도자기를 좋아하는 사람들은 도자기로 유명한 지역의 CCRC에서 도예 강좌에 참여하거나 도자기 축제를 즐길 수 있다.

● 정책 아이디어

일본형 CCRC를 실현시키는 정책 아이디어로써, 松田智生는 사회활동 포인트 제도와 제2의 의무 교육제도를 제시하고 있다.

사회활동 포인트 제도

사회활동 포인트 제도는 일본형 CCRC에서 누군가를 위해 50시간 일하면 일한 만큼 포인트로 적립되어 장래에 자신의 개호 서비스에 사용할 수 있도록 하거나, 지역 통화로서 식사나 쇼핑에 사용할 수 있는 것을 말한다. 인근의 육아 지원이나 자원봉사 등과 같이 누군가를 위해 공헌할 수 있다면 지역사회 전체에 이점이 될 수 있고, 그것이 사회활동 포인트로 누적되면 현재의 생활뿐만 아니라 장래 생활에도 안심을 줄 수 있다.

제2의 의무 교육제도

제2의 의무 교육제도는 시니어들의 사회 참여를 촉진하기 위한 새로운 아이디어로, 50세 또는 60세가 되면 학교에 다니는 것을 의무화하고, 주민세 할인 등의 인센티브를 통해 참여를 독려하는 등의 내용을 말한다. 강좌는 단순히 가이던스를 따르는 형식이 아니라, 지역의 역사와 과제를 배우고 토론하며 기여 방안을 모색하는 방식으로 설계될 수 있다. 급식 제공이 함께 된다면 독거노인의 영양 문제를 해결하고, 체육 시간에서는 낙상 예방 체조 등을 통해 건강을 지원할 수 있다. 사회 참여는 사회적 연결을 강화하고 새로운 친구를 사귈 기회를 제공하며, 과거 동급생과의 재회를 통해 설렘과 추억을 되살리는 장이 될 수 있다. 제2의 의무 교육제도를 통해 시니어들은 배움과 즐거움을 얻고 지역사회 내에서의 유대를 강화할 수 있는 측면에서 장점이 있다.

● 일본형 CCRC의 6개 주요 테마 및 아이디어

테마	활기를 살리는 모델	• 테마파크 연계형 CCRC • 쇼핑센터 연계형 CCRC
	스포츠 활용 모델	• 야구장 연계형 CCRC • 골프장 연계형 CCRC
	예술과 문화 중심 모델	• 미술관 · 박물관 연계형 CCRC • 전통 료칸 · 호텔 연계형 CCRC
	지역 매력 활용 모델	• 온천마을 연계형 CCRC • 기업보유자산 연계형 CCRC
	다세대 연결 모델	• 대학연계형 CCRC • 지방 명문 고교 연계형 CCRC
	라이프스타일 반영 모델	• 1인형 CCRC • 계절순환형 CCRC
정책 아이디어	• 사회활동 포인트 제도 • 제2의 의무 교육제도	

출처: 松田智生. (2017). 日本版CCRCがわかる本: ピンチをチャンスに変える生涯活躍のまち. 法研.

대학연계형 CCRC는 대학교와 협력하여 고령자들에게 지속적인 돌봄과 삶의 질 향상을 제공하는 주거 커뮤니티를 의미한다. 이 모델은 고령자들이 대학 강의에 참여하거나 평생교육 프로그램을 통해 지적 자극과 자기 계발의 기회를 누릴 수 있도록 돕는다. 또한 대학생과 고령자가 함께 멘토링이나 봉사활동에 참여함으로써 세대 간 교류와 상호 이해를 촉진한다. 이런 활동은 고령자들의 삶의 만족도와 건강을 증진시키고, 세대 간 교류와 상호 작용을 통해 사회적 고립을 예방한다. 더 나아가 대학과 지역사회 간 협력을 통해 지역 경제와 사회적 자본을 강화하며, 고령화 문제에 대한 지속 가능한 해결책을 제시한다.

지역사회와의 제휴 속에서 미국의 UBRC와 개념이 유사한 대학연계형 CCRC에 관심이 높은 일본 대학들의 활동에 대해 살펴보자.[20]

---

20) 松田智生. (2017). 日本版CCRCがわかる本: ピンチをチャンスに変える生涯活躍のまち. 法研.

중부대학(中部大学)

ACCESS

from **centrair**

Access Information to CHUBU University
from Central Japan International Airport .

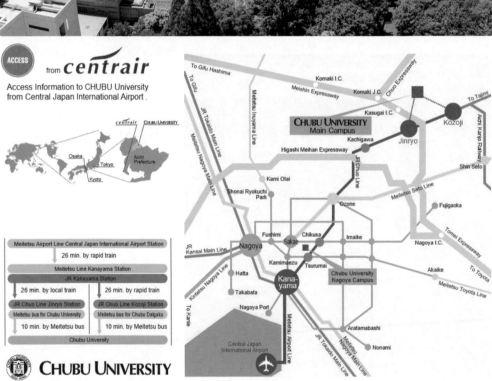

Meitetsu Airport Line Central Japan International Airport Station

26 min. by rapid train

Meitetsu Line Kanayama Station

JR Kanayama Station

26 min. by local train	26 min. by rapid train
JR Chuo Line Jinryo Station	JR Chuo Line Kozoji Station
Meitetsu bus for Chubu University	Meitetsu bus for Chubu Daigaku
10 min. by Meitetsu bus	10 min. by Meitetsu bus

Chubu University

CHUBU UNIVERSITY

일본 아이치현 가스가이시(愛知県春日井市)에 위치한 중부대학21)은 인근의 고조지 뉴타운(高蔵寺ニュータウン)이 겪고 있는 고령화 문제 해결에 앞장서고 있다. 약 700헥타르에 4.8만 명이 거주하는 고조지 뉴타운은 독거노인과 고독사 등의 문제가 두드러지고 있다. 이를 해결하기 위해 중부대학은 일본 문부과학성이 추진하는 '지역 지식 거점 정비사업'에 선정되어, 세대 간 교류와 지역 활성화를 목표로 한 다양한 프로젝트를 진행하고 있다.

● 액티브 어게인 칼리지(CAAC) 설립

중부대학은 2014년 시니어들을 위한 액티브 어게인 칼리지(Chubu University Active Again College, CAAC)를 개설하였다. 이 프로그램은 50세 이상의 시니어를 대상으로 하며, 정원은 20명, 2년 과정으로 운영되고, 연간 수업료는 12만 엔이다. 강좌는 시니어들의 지적 호기심을 자극하고 실제 생활에 밀접한 내용을 중심으로 구성되어 있다. 어학 강좌에서는 영어뿐만 아니라 포르투갈어도 제공되는데, 이는 주변에 거주하는 브라질계 이민자들과의 교류를 위한 필요성을 반영한 것이다. 건강복지 코스에서는 낙상 예방학을, 국제·지역·문화 코스에서는 마을 만들기와 지역 생활 등을 다룬다. 이 프로그램은 시니어들이 지역 문제를 해결하는 주체로 거듭날 수 있도록 돕는 데 중점을 두고 있다.

---

21) 중부대학(中部大学) 웹 사이트, https://www.chubu.ac.jp/

🔴 러닝 홈스테이와 다세대 교류

시니어들의 고립을 방지하고 학생들에게 실질적인 배움의 기회를 제공하기 위해 '러닝 홈스테이' 프로그램을 운영하고 있다. 학생들은 인근의 시니어 가정에 단기간 머무르며 교류를 통해 서로의 삶을 이해하고 돕는 경험을 쌓는다. 대학에서는 다세대 교류회가 자주 개최되는데, 어느 교류회에서는 시니어들이 체력 측정과 건강진단을 받고, 학생들은 이를 세심하게 지원하며 교직원은 건강 지도를 맡는다. 시니어들이 학생들의 취업 상담에 응하거나, 학생들이 시니어들에게 컴퓨터를 가르치는 등 교류회를 통해 활발한 상호 교류가 이루어지고 있다.

🔴 지방재생 모델로서의 가능성

중부대학의 시니어 대학과 다세대 교류 프로그램은 시니어들이 배움을 통해 젊음을 되찾고, 지역사회의 핵심 구성원으로 성장할 수 있는 기회를 제공한다. 동시에, 지역에서 필수적인 인재로 자리 잡는 대학생이 활발히 활동하는 지역을 만들어 가는 데 기여하고 있어 지방재생 모델로 자리 잡을 수 있을 것이라 중부대학은 판단하고 있다. 중부대학의 이러한 활동은 고령화 문제로 어려움을 겪는 많은 지역사회에 새로운 가능성을 제시하며, 세대 간 협력과 배움의 가치를 재발견하게 한다.

🏠 **교린대학(杏林大学)**

교린대학(杏林大学)[22]은 의학부, 보건학부, 종합정책학부, 외국어학부, 그리고 부속 병원을 보유한 종합대학이다. 의학부와 보건학부(간호학과 일부) 캠퍼스는 도쿄도 미타카시(東京都三鷹市)에, 보건학부, 종합정책학부, 외국어학부 캠퍼스는 하치오지시(八王子市)에 위치하고 있다. 교린대학이 위치한 미타카시(三鷹市)와 하치오지시(八王子市)는 수도권의 대표적인 도시형 저출산·고령화 지역이다. 도시지역에서도 고령화가 심해지기 때문에 교린대학이 위치한 도시의 활력을 유지하는 것이 중요한 과제가 되고 있다.

● 교린 CCRC

교린대학은 2013년 문부과학성이 주관하는 지역 지식 거점 정비 사업에서 '새로운 도시형 고령사회에서 지역과 대학의 통합 지식 거점'이라는 주요 사업주체로 선정되었다. 이 사업은 도시형 고령사회

---

22) 杏林CCRCについて, https://www.kyorin-u.ac.jp/univ/area/labo/ccrc/

가 직면한 다양한 과제를 해결하기 위하여 지역사회와 대학이 협력하여 지식을 공유하고 실질적인 문제를 해결하는 거점을 만드는 것을 목표로 한다. 교린대학은 미타카시와 하치오지시의 관계자들과 협력 기회를 늘려서 공개 강연회나 시민 대학에 강좌 제공 등을 통해 지역 사회에 환원하고 있다. 또한, 도쿄도 하무라시(羽村市)와 협력하여 대학이 위치하지 않은 지자체를 대상으로 대학이 보유한 교육 및 연구 자원을 동원하여 교육·연구·사회공헌 등을 제공하고 지역 연계를 강화하는 데 집중하고 있다. CCRC는 고령자를 위한 커뮤니티를 의미하나, 교린 CCRC는 포괄적인 지역 연계의 중심(Center for Comprehensive Regional Collaboration)이라는 새로운 개념을 제시한다. 이는 대학이 지역사회의 지식 거점이 되어 고령화 문제 해결에 적극 기여하는 모델이다.

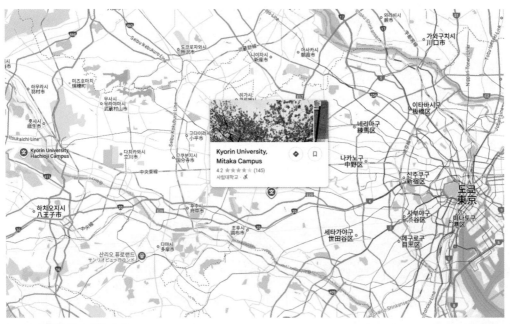

교린대학(杏林大学) 위치

● 지역종합연구소(地域総合研究所)와
● 지역 연계 활동

교린 CCRC의 중심에는 지역종합연구소(구 교린 CCRC 연구소)가 있다. 이 연구소는 도시형 고령사회의 문제 해결을 위한 다양한 활동을 전개하며, 지역사회와의 연계를 강화하는 허브 역할을 수행하고 있다. 2024년도 과제로, 학생과 지역 관계자가 함께 배우는 '삶의 보람 창출', 퇴직한 베이비붐 세대를 중심으로 한 지역 주민들의 '건강 수명 연장', 대규모 자연재해에 대비하는 '재해에 대비한 마을 만들기', 지역 활성화를 목표로 하는 '활기 넘치는 지역 조성'의 내용을 정하였다. 지역사회와 함께 4가지 지역 과제를 해결하고자 활동을 진행하고, 실천적 역량과 문제 해결 능력을 갖춘 인재를 육성하는 데 중점을 두고 있다.

또한, 대학과 시청 및 지역 관계자들이 지역 문제를 논의하는 '교린 CCRC 라운드테이블', 일반 주민과 대학 간의 소통을 위한 '교린 커먼즈'가 설립되어 활발히 운영되고 있다. 교린 커먼즈는 지역종합연구소 등에서 도출된 과제를 중심으로 e−learning 등 ICT를 활용하여 지역과 대학이 지식을 공유하는 곳이면서, 학생과 지역 관계자가 함께 성장하는 평생교육의 장이자 삶의 가치 설계 전문가(生きがいづくりコーディネーター)를 양성하는 플랫폼으로 활용되고 있다.

● 교육 및 지역 기여 활동

교린대학은 지역 주민들에게도 배움의 기회를 제공한다. 웰니스 과목군을 학생뿐만 아니라 지역 주민에게 개방하여 함께 배우고 성장할 수 있는 환경을 조성하고 있다. 또한, '문명론에서 본 서구', '마이

너스 금리와 금융 정책' 등과 같은 주제로 열린 공개 강연은 지역 주민, 특히 시니어들의 지적 호기심을 자극하며 큰 호응을 얻고 있다. 미타카시와 하치오지시는 다수의 대학이 위치한 학문 중심 도시로, 주민들은 익숙한 지역의 대학에서 학습하고 대학의 건강 지원 프로그램과 부속 병원을 이용할 수 있다. 교린대학과 대학 부속 병원이 중심이 돼서 조성된 헬스케어 타운은 지역사회의 중심지로 자리 잡고 있으며, 고령화 문제 해결을 위한 새로운 모델로 주목받고 있다.

교린대학(杏林大学) 병원

🏠 릿쿄대학(立教大学)

릿쿄대학[23]은 도쿄노 도시마구 니시이케부쿠로(東京都豊島区西池袋)에 본부를 둔 사립대학으로, 문학부, 경제학부, 경영학부, 이학부, 사회학부, 법학부, 관광학부, 스포츠 웰니스 학부 등이 있는 종합대학이다. 릿쿄대학은 2008년 4월 평생학습 기관인 릿쿄 세컨드 스테이지 대학(立教セカンドステージ大学, Rikko Second Stage College, 이하 RSSC)을 창설하였다.

● 릿쿄 세컨드 스테이지 대학(RSSC)

RSSC[24]는 50세 이상 성인을 위한 평생학습 기관으로, 인문학적 교양 습득을 바탕으로 다음과 같은 세 가지 주요 목표를 지향하고 있다.

• 재학습 · 재교육(学び直し): 새로운 지식을 습득하고 기존 지식

---

23) 릿쿄대학(立教大学) 웹 사이트, https://www.rikkyo.ac.jp/
24) 릿쿄 세컨드 스테이지 대학(立教セカンドステージ大学) 웹 사이트, https://rssc.rikkyo.ac.jp/

을 업데이트할 기회 제공

- 재도전(再チャレンジ): 새로운 분야에 도전하고 자기 계발을 할 수 있는 환경 조성
- 세대 간 공동학습(異世代共学): 다양한 세대 간의 교류와 학습을 통한 상호 이해 증진

이 대학은 50세 이상의 성인들이 인생의 제2단계를 스스로 설계할 수 있도록 돕는 새로운 캠퍼스 모델을 제공한다. 학습자들은 1년 과정 동안 필수 과목(세미나, The Academic World A)과 선택 과목을 이수하며, 총 18학점 이상을 취득해야 한다. 2025년도 기준 등록료는 100,000円, 수강료는 330,000円이며, 수업은 주 5회로 운영되고 100명을 모집한다. 추가 학습을 원하는 학생들은 2년차 과정에 지원할 수 있어 심화 학습 및 지속적인 자기 계발 기회를 갖는다.

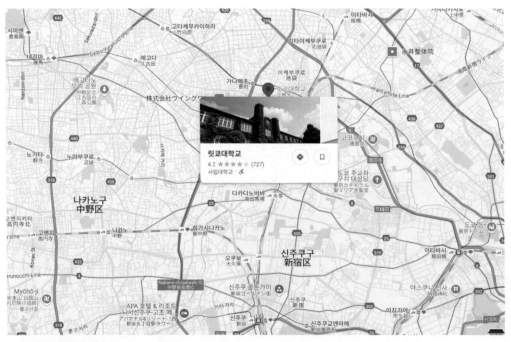

릿쿄대학(立教大学) 위치

릿쿄 세컨드 스테이지 대학(RSSC)의 특징

RSSC는 성인 학습자들에게 흥미로운 과목을 제공하며, 이를 통해 자유로운 시민으로서의 성장을 위한 기초 기술을 재학습할 기회를 제공한다. 학습자들은 자신의 관심사에 맞는 과목을 선택할 수 있을 뿐만 아니라, 학부생들과 함께 교양 과목을 수강하거나 학부 수업의 해설자 및 토론자로 참여하며 세대 간 협력과 상호 이해를 촉진하는 공동학습의 장을 경험할 수 있다. 모든 학생은 세미나에 참여하여 교수와 함께 수업 내용을 준비하고 논문을 작성한다. 이 과정은 교수와 학생 간의 긴밀한 협력을 바탕으로 진행되며, 다양한 주제에 대해 깊이 있는 토론을 장려한다.

릿쿄 세컨드 스테이지 대학 수업 모습

출처: https://dot.asahi.com/articles/−/227126?page=3

RSSC는 강의 외에도 학생들이 참여할 수 있는 여러 가지 활동을 제공하고 있다. 지역사회와의 연계를 강화하기 위해 사회활동 탐방과 같은 현장 학습 기회를 제공하여 학습자들이 실질적인 사회 경험을 쌓고 지속적으로 사회와 연결될 수 있도록 지원한다. 또한, 학생들은 졸업 논문 발표회, 온라인 활동, 홍보 등 다양한 위원회 활동에 참여하여 유의미한 네트워크 구축이 가능하다. 졸업 후에도 동문 네트워크와 연구회를 통해 활발히 교류하며, 사회공헌 활동 지원 센터를 통해 자발적으로 사회공헌 프로젝트를 추진함으로써 학문적 성장과 더불어 사회적 책임을 실천할 수 있다.

UBRC 도입 가능 캠퍼스 고찰

노인복지시설

노인주거복지시설에 대해 알아보기 전에, 노인주거복지시설의 상위 범주인 노인복지시설에 대해 간략히 살펴보자.

사회복지시설은 사회복지사업을 할 목적으로 설치된 시설이다 (사회복지사업법 제2조 4호). 보건복지부 소관 사회복지시설은 대상자별로 노인, 아동, 장애인, 영유아, 정신질환자, 노숙인, 지역주민, 기타시설로 구분되는데, 그중 '노인'을 대상으로 사회복지사업을 행하는 시설이 바로 노인복지시설이다.

노인복지시설은 신체적·정신적·환경적·경제적 이유로 가정에서 보호받기가 곤란한 65세 이상 노인들에게 보호, 치료, 자립 등의 서비스를 제공하거나 통원, 수용, 기타의 방법으로 이들에게 편익을

보건복지부 소관 사회복지시설 종류

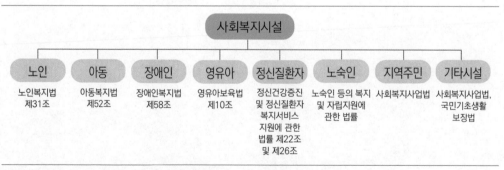

출처: 보건복지부, 2020 사회복지시설 관리안내

제공하기 위해 마련된 장소, 설비, 건조물 등을 말한다. 노인복지시설의 종류에는 노인주거복지시설, 노인의료복지시설, 노인여가복지시설, 재가노인복지시설, 노인보호전문기관, 노인일자리지원기관, 학대피해노인 전용쉼터가 있다(노인복지법 제31조). 이 시설들은 크게 생활시설(노인주거복지시설, 노인의료복지시설)과 이용시설(노인여가복지시설, 재가노인복지시설, 노인보호전문기관)로 유형이 구분된다(이순자 · 정홍원, 2016). 노인복지시설의 종류와 세부 유형별 설치 목적은 다음과 같다.

● 노인복지시설의 종류

종류	세부 유형	설치 목적
노인 주거 복지 시설	양로시설	노인을 입소시켜 급식과 그 밖에 일상생활에 필요한 편의를 제공
	노인공동 생활가정	노인들에게 가정과 같은 주거여건과 급식, 그 밖에 일상생활에 필요한 편의를 제공
	노인복지 주택	노인에게 주거시설을 (분양 또는) 임대하여 주거의 편의 · 생활지도 · 상담 및 안전관리 등 일상생활에 필요한 편의를 제공
노인 의료 복지 시설	노인요양 시설	치매 · 중풍 등 노인성 질환 등으로 심신에 상당한 장애가 발생하여 도움을 필요로 하는 노인을 입소시켜 급식 · 요양과 그 밖에 일상생활에 필요한 편의를 제공
	노인요양 공동생활 가정	치매 · 중풍 등 노인성 질환 등으로 심신에 상당한 장애가 발생하여 도움을 필요로 하는 노인에게 가정과 같은 주거 여건과 급식 · 요양, 그 밖에 일상생활에 필요한 편의를 제공
노인 여가 복지 시설	노인복지관	노인의 교양 · 취미생활 및 사회참여활동 등에 대한 각종 정보와 서비스를 제공하고, 건강증진 및 질병예방과 소득보장 · 재가복지, 그 밖에 노인의 복지증진에 필요한 서비스를 제공
	경로당	지역노인들이 자율적으로 친목도모 · 취미활동 · 공동작업장 운영 및 각종 정보교환과 기타 여가활동을 할 수 있도록 하는 장소를 제공
	노인교실	노인들에 대하여 사회활동 참여욕구를 충족시키기 위하여 건전한 취미생활 · 노인건강유지 · 소득보장 기타 일상생활과 관련한 학습프로그램을 제공

종류	세부 유형	설치 목적
재가 노인 복지 시설	단기보호 서비스	부득이한 사유로 가족의 보호를 받을 수 없어 일시적으로 보호가 필요한 심신이 허약한 노인과 장애노인을 보호시설에 단기간 입소시켜 보호함으로써 노인 및 노인가정의 복지증진을 도모하기 위한 서비스
	방문간호 서비스	간호사 등이 의사, 한의사 또는 치과의사의 지시에 따라 재가노인의 가정 등을 방문하여 간호, 진료의 보조, 요양에 관한 상담 또는 구강위생 등을 제공하는 서비스
	방문목욕 서비스	목욕장비를 갖추고 재가노인을 방문하여 목욕을 제공하는 서비스
	방문요양 서비스	가정에서 일상생활을 영위하고 있는 노인으로서 신체적·정신적 장애로 어려움을 겪고 있는 노인에게 필요한 각종 편의를 제공하여 지역사회 안에서 건전하고 안정된 노후를 영위하도록 하는 서비스
	복지용구 지원서비스	「노인장기요양보험법 시행규칙」 제19조 제1항에 따른 복지용구를 제공하거나 대여하는 서비스
	재가노인 지원서비스	재가노인에게 노인생활 및 신상에 관한 상담을 제공하고, 재가노인 및 가족 등 보호자를 교육하며, 각종 편의를 제공하여 지역사회 안에서 건전하고 안정된 노후생활을 영위하도록 하는 서비스
	주·야간 보호서비스	부득이한 사유로 가족의 보호를 받을 수 없는 심신이 허약한 노인과 장애노인을 주간 또는 야간 동안 보호시설에 입소시켜 필요한 각종 편의를 제공하여 이들의 생활안정과 심신기능의 유지·향상을 도모하고, 그 가족의 신체적·정신적 부담을 덜어주기 위한 서비스
노인 보호 전문 기관	노인보호 전문기관	시·도지사가 노인보호전문기관을 지정·운영, 노인학대 신고, 상담, 보호, 예방 및 홍보, 24시간 신고·상담용 긴급전화(1577-1389) 운영
노인 일자리 지원 기관	노인일자리 지원기관	지역사회 등에서 노인일자리의 개발·지원, 창업·육성 및 노인에 의한 재화의 생산·판매 등을 직접 담당하는 노인일자리전담기관 운영
학대 피해 노인 전용 쉼터	학대피해 노인전용 쉼터	노인학대로 피해를 입은 노인을 일정기간 보호하고 심신치유 프로그램 제공

출처: 보건복지부, 2024 노인복지시설 현황

2024년 노인복지시설 현황에 따르면, 2023년 6월 기준 우리나라 노인복지시설 수는 모두 93,056개소로 전년(89,698개소) 대비 3.74% 증가하였다. 유형별로 살펴보면 노인주거복지시설은 전체 297개소, 노인의료복지시설은 전체 6,139개소, 노인여가복지시설은 70,455개소, 재가노인복지시설은 15,896개소, 노인보호전문기관은 38개소, 노인일자리지원기관은 211개소, 학대피해노인전용쉼터는 20개소가 운영 중인 것으로 나타났다. 특이한 점은 노인복지시설 종류 중 노인주거복지시설만 그 수가 전년(308개소) 대비 3.6% 감소하였다는 것이다.

시도별로 살펴보면, 노인복지시설이 가장 많은 지역은 16,401개소의 시설이 운영 중인 경기이며, 그 다음은 전남으로 10,454개소의 시설이 운영 중이다. 노인복지시설이 가장 적게 있는 지역은 세종으로 605개소가 있고, 그 다음 적은 곳은 제주로 722개소가 있는 것으로 확인되어 노인복지시설의 지역별 편차가 매우 큰 것을 알 수 있다. 시도별 노인복지시설 현황은 다음과 같다.

● 시도별 노인복지시설 현황   (단위: 개소)

구분	노인주거 복지시설	노인의료 복지시설	노인여가 복지시설	재가노인 복지시설	노인보호 전문기관	노인 일자리 지원기관	학대피해 노인전용 쉼터	계
서울	23	472	4,051	2,085	5	19	1	6,656
부산	6	112	2,594	824	2	16	1	3,555
대구	7	262	1,858	687	2	8	1	2,825
인천	16	496	1,607	985	2	12	1	3,119
광주	3	102	1,438	704	1	5	1	2,254
대전	8	152	871	490	1	5	1	1,528
울산	2	64	880	318	1	5	1	1,271
세종	2	21	522	59	0	1	0	605

구분	노인주거 복지시설	노인의료 복지시설	노인여가 복지시설	재가노인 복지시설	노인보호 전문기관	노인 일자리 지원기관	학대피해 노인전용 쉼터	계
경기	99	2,149	10,412	3,708	5	25	3	16,401
강원	16	332	3,402	692	3	15	1	4,461
충북	20	303	4,284	504	2	12	1	5,126
충남	11	351	6,007	774	2	15	1	7,161
전북	16	245	6,926	809	2	16	1	8,015
전남	19	318	9,269	832	2	12	2	10,454
경북	27	428	8,171	956	4	16	2	9,604
경남	20	263	7,666	1,320	2	27	1	9,299
제주	2	69	497	149	2	2	1	722
계	297	6,139	70,455	15,896	38	211	20	93,056

출처: 보건복지부, 2024 노인복지시설 현황

● 노인주거복지시설

노인주거복지시설은 일상생활에 지장이 없는 고령자들이 주거 공간에서 일상생활에 필요한 편의를 제공받을 수 있는 시설을 의미하고, ① 양로시설, ② 노인공동생활가정, ③ 노인복지주택으로 구분된다(노인복지법 제32조).

2023년 6월 말 기준 노인주거복지시설 수는 전체 297개소로, 양로시설은 175개소, 노인공동생활가정은 82개소, 노인복지주택은 40개소가 운영 중에 있다. 시도별로 살펴보면 노인주거복지시설 수가 가장 많은 지역은 경기로 99개소가 운영 중이며, 그 다음은 경북(27개

소), 서울(23개소) 순이었다. 가장 적은 지역은 울산, 세종, 제주로 각
각 2개소가 운영 중인 것으로 나타나 노인주거복지시설 역시 지역 간
시설 수의 격차가 매우 벌어져 있음을 알 수 있다.

● 시도별 노인주거복지시설 현황 (단위: 개소)

구분	양로시설	노인공동생활가정	노인복지주택	계
서울	8	3	12	23
부산	4	1	1	6
대구	7	0	0	7
인천	10	5	1	16
광주	2	1	0	3
대전	3	4	1	8
울산	2	0	0	2
세종	1	0	1	2
경기	57	27	15	99
강원	7	8	1	16
충북	7	12	1	20
충남	6	4	1	11
전북	8	4	4	16
전남	14	5	0	19
경북	24	2	1	27
경남	13	6	1	20
제주	2	0	0	2
계	175	82	40	297

출처: 보건복지부, 2024 노인복지시설 현황

양로시설, 노인공동생활가정

양로시설은 노인을 입소시켜 급식과 그 밖에 일상생활에 필요한 편의를 제공하는 것을 목적으로 하는 시설을 말하고, 노인공동생활가정은 노인들에게 가정과 같은 주거 여건 및 급식, 그 밖에 일상생활에 필요한 편의를 제공하는 것을 목적으로 하는 시설을 의미한다. 두 시설의 설립 목적이 비슷하지만, 입소 정원 규모에 따라 구분된다. 양로시설의 입소 정원은 10명 이상이고, 노인공동생활가정은 입소 정원이 5명~9명으로 노인공동생활가정이 양로시설보다 소수의 인원을 입소시키는 것을 알 수 있다. 두 시설 모두 무료 입소, 실비 입소, 유료 입소가 가능하고, 입소별 대상자 및 절차는 동일하다.

무료 입소의 대상자는 일상생활에 지장이 없는 65세 이상인 사람들 중 기초생활보장수급자(생계급여 또는 의료급여), 부양의무자로부터 적절한 부양을 받지 못하는 노인들이고, 노인보호전문기관에서 학대피해노인으로 입소 의뢰를 받은 노인 및 긴급조치대상자 등도 포함된다. 무료 입소 대상자는 해당 시·군·구에 입소신청서(입소신청 사유서 및 관련 증빙자료 등)를 제출하면 방문조사와 심사를 통해 입소여부와 입소 결정이 이루어진다. 그 후, 시·군·구는 신청인 및 당해 시설장에서 통보하게 된다.

실비 입소는 일상생활에 지장이 없는 65세 이상인 고령자들 중 당해연도 월평균 소득액[1]이 도시근로자 1인당 월평균 소득액[2] 이하면 대상자가 된다. 실비 입소 대상자는 입소시설에 신청을 하고, 시설장은 관할 시·군·구에 입소 심사를 의뢰하여 그 결과에 따라 대상자

---

1) 월 평균소득액: 본인과 그 배우자 및 생계를 같이 하는 부양의무자의 월 소득 합산액을 가구원수로 나눈 소득액
2) 도시근로자 1인당 월평균 소득액: 통계청장이 통계법 시행령 제3조의 규정에 의하여 고시하는 전년도의 도시근로자 가구 월평균 소득을 전년도의 평균 가구 원수로 나누어 얻은 1인당 월평균 소득액

가 결정된다.

입소자로부터 입소 비용을 전부 납부받아 운영하는 양로시설이나 노인공동생활가정의 경우 60세 이상이면 유료 입소의 대상자가 된다. 시설장과 입소자의 계약에 의해 시설 입소가 이루어지며, 대표적인 유료 양로시설로는 학교법인 건국대학교가 운영하는 '더 클래식 500'이 있다.

● 입소 유형별 대상자 및 절차

입소 유형		내용
무료입소	대상자	• 65세 이상으로 일상생활에 지장 없는 기초생활보장수급자(생계급여 또는 의료급여) • 부양가족이 없는 경우나 노인학대를 당해 보호가 필요한 노인들
	절차	• 해당 시·군·구에 입소신청서 제출 → 입소여부와 입소시설 결정 → 시·군·구는 신청인 및 당해 시설장에게 통보
실비입소	대상자	• 65세 이상으로 일상생활에 지장 없는 노인들 중, 본인과 배우자의 월평균 소득이 도시 근로자의 1인당 월평균 소득 이하인 경우
	절차	• 입소신청자와 시설장의 협의 → 시설장이 관할 시·군·구에 입소심사 의뢰 → 관할 시·군·구는 시설장에 심사결과 통보 → 당사자 간의 계약에 의해 시설 입소
유료입소	대상자	• 60세 이상
	절차	• 시설장과 입소자 협의 → 당사자 간의 계약을 맺고 입소비를 납부한 후 입소

출처: 보건복지부

노인복지주택

노인복지주택은 노인들에게 주거시설을 임대하여 주거의 편의, 생활지도, 상담 및 안전관리 등 일상생활에 필요한 편의를 제공하는 시설이다(24년 8월 기준). 노인복지주택의 시설 규모는 30세대 이상이고, 침실·관리실·식당 및 조리실·체력단련실 및 프로그램실·의료 및 간호사실·식료품점 또는 매점·비상재해대비시설·경보장치의 시설을 갖춰야 하는 기준이 있다. 노인복지주택 시설 직원 배치 기준에 따라 시설장 1명, 입소자의 건강 유지와 여가선용 등 노인복지 제공계획을 수립하고 복지증진에 관하여 상담·지도를 하는 사회복지사 1명, 관리인 1명을 두어야 한다(노인복지법 시행규칙 [별표 2]).

❶ 노인복지주택의 유형

노인복지주택의 유형은 입지특성과 입주방식에 따라 분류가 가능하다. 입지특성에 따른 유형은 도심형, 도시근교형, 전원형으로 구분되고, 입주방식에 따른 유형은 임대형과 분양형으로 구분된다.

■ 입지특성에 따른 분류

입지 유형은 ① 도심형, ② 도시근교형, ③ 전원형으로 구분된다.

도심형 노인복지주택은 도심에 위치하여 도심의 의료시설이나 문화·생활편의시설을 충분히 활용할 수 있고, 대중교통의 이용이 편리하여 가족이나 친척, 지인들 방문이 쉽게 이루어질 수 있다(김세율, 2023). 또한, 입주를 희망하는 수요자들의 확보가 용이하다는 장점이 있다. 그러나 도시지역이므로 높은 지가로 인해 부지 확보가 어렵고 입주비용이 도시근교형이나 전원형에 비해 상대적으로 비싸게 책정된다. 사업성 측면에서 건물의 고층 집중형 건설이 이루어져 도시근교형이나 전원형에서 누릴 수 있는 자연환경의 확보가 어렵다는 단점역시 있다(송준호, 2013; 김세율, 2023).

도시근교형은 도심형과 전원형의 중간 형태로 도심형과 전원형의 장점을 동시에 갖추고 있다. 도시근교형은 도시 외곽에 위치해 있으나 도시로의 통근이 가능한 곳에 입지해 있어 도시 접근성이 좋고,

교통 정비가 양호한 편이라 도시 생활에 기반을 두고 생활했던 노인들에게 친숙한 유형이라 할 수 있다. 도시에 비해 토지가격이 비교적 안정적이기 때문에 넓은 부지를 확보하는 데 용이하여 시설 주변의 녹지공간 확보와 같은 쾌적한 주거환경 구축 및 시설 계획에 유리하다는 장점이 있다(송준호, 2013; 오형석·백민석, 2017). 도심형에 비해 대중교통 이용 시 불편함이 있고, 전원형과 비교하여 입주 금액이나 생활비가 상대적으로 높다는 단점이 존재한다(김세율, 2023).

전원형은 일반적으로 자연경관이 수려한 지역이나 관광요소가 있는 곳에 위치하는 경우가 많아 휴양과 귀농생활을 병행할 수 있다. 또한, 상대적으로 낮은 지가로 인해 대규모 단지계획이 가능하여 입주비용이 저렴하다는 장점이 있다. 그러나 의료·생활편의시설 등이 원거리에 위치해 있어 접근성이 떨어지고, 교통이 불편하여 가족이나 지인과의 교류에 어려움이 있다(김세율, 2023).

■ 입주방식에 따른 분류

입주방식은 크게 ① 임대형, ② 분양형으로 나누어진다.

현재 운영 중인 임대형 노인복지주택은 단독취사 등 독립된 주거 생활을 하는 데 지장이 없는 60세 이상의 노인이 시설장과의 계약에 의하여 입소하게 된다. 임대형은 전세와 유사한 형태로, 전세보증금과 유사한 성격의 입주보증금을 지불하고 거주권을 확보하는 방식이다. 운영업체가 소유권을 가지며 보통 계약기간이 정해져 있다. 시설이 제공하는 서비스에 대해 별도의 계약을 맺어 서비스 제공비와 주거비 등을 매월 납부한다. 입주보증금은 입주 기간에 따라 차감되지 않아 부담이 적고 계약 해지가 자유로운 장점이 있으나, 물가상승에 의한 임대료나 월 이용료가 상승할 우려가 존재한다. 주택 연금의 이용은 불가하다.

●◐ 임대형 노인복지주택과 분양형 노인복지주택의 특징

특징	임대형	분양형
입소자격	60세 이상	60세 이상
소유권	운영업체	입소자
계약기간	시설에 따라 다름	(매매 전까지) 계속
홈케어 서비스 (청소, 세탁 등)	관리비에 포함되어 있어 추가 비용 없음	옵션으로 이용 가능 (이용 시 추가 비용 있음)
초기 입주비	보증금 (퇴소 시 돌려받음)	매매 시 주택매수 비용
월 지불 비용	월세 + 관리비 + 식비 + 개별세대 공과금 (분양형보다 높음)	식비 + 공용관리비 + 개별세대 공과금 (임대형보다 저렴)
재산세 등	없음	있음
주택연금	이용 불가	이용 가능

출처: 미래에셋투자와연금센터 (2024.03.15.). 분양형 노인복지주택 부활...분양 vs 임대 장단점은?

분양형 노인복지주택은 아파트처럼 분양대금을 지불하면 주거 부분에 한하여 소유권을 보장받고, 매달 관리비 등을 지불하여 시설 측이 제공하는 각종 서비스나 공용시설을 이용하는 시설 형태이다. 아파트와 같은 공동주택과 외형적으로는 유사하지만, 「노인복지법」을 따르는 노인주거복지시설이므로 입소 자격 및 매매·임대는 60세 이상의 자만이 가능하다. 소유권이 입소자에게 있으므로 재산세를 납부하고 주택연금을 이용할 수 있다. 분양형의 경우 노인복지주택을 소유하는 것이므로 부동산이라는 재산 가치의 상승을 기대할 수 있고 계약기간이 없어 계속 거주가 가능하다는 장점이 있다. 그러나 노인복지주택이므로 전세나 매매의 대상이 60세 이상인 사람으로 국한되어 부동산 처분에 있어 시간이 오래 걸릴 수 있는 단점이 존재한다.

노인복지주택은 2015년 이전까지 분양형과 임대형 두 가지 방식으로 운영되었다. 1993년 노인복지법 개정을 통해 사회복지법인 이외에 민간기업체나 개인에게도 노인복지시설을 설치·운영할 수 있도록 규정이 완화되면서 임대형 유료노인복지주택이 도입되었고, 1997년 법 개정으로 임대 이외에 분양을 허용하여 유료노인복지주택의 분양도 가능해졌다. 분양형 노인복지주택의 경우, 무자격자에 대한 불법적 분양·양도·입소 등 악용 사례가 빈번해지고, 이해관계자 요구 등에 따른 노인복지주택 제도의 파행적 운영, 소유권 이전 후 건축업자들의 시설 운영 포기 사례 등과 같은 많은 문제가 노출되어 2015년 1월 28일 노인복지법이 개정되면서 폐지되었다(윤태영·송성민, 2022). 이후 임대형으로만 노인복지주택이 운영되고 있다.

2024년 3월 21일 정부는 '국민과 함께하는 22번째 민생토론회'를 열고 「건강하고 행복한 노후대책」을 발표하면서 시니어 레지던스 확대를 위해 분양형 노인복지주택을 비수도권 지역(지역은 미지정)에 한하여 내년에 재도입한다고 밝혔다.[3] '땅값 인상 영향이 적은' 인구감소지역(89개소)[4]에 한하여 분양형 노인복지주택을 다시 도입한다는 내용으로, 초고령사회를 목전에 두고 있는 시점에 시니어를 위한 주택 공급을 확대하기 위한 것으로 해석된다. 입소 대상은 기존 '독립생활이 가능'한 60세 이상의 사람에서 60세 이상이면 누구나 해당하도록 범위를 확대하고, 위탁운영 요건을 개선하여 노인복지주택사업을 해온 사업자에서 리츠사, 장기요양기관, 호텔·요식업체, 보험사 등 다양한 기관이 신규 진입할 수 있도록 하였다.

---

3) 대통령실 (2024.03.21.). 어르신에게 필요한 주거·식사·여가·건강·의료·돌봄 지원 확대 #22차 민생토론(3.21). 대한민국 정책브리핑.
4) 인구감소지역 지정 현황(행정안전부, 2021)

시도 (지정 수)	시·군·구
부산 (3)	동구, 서구, 영도구
대구 (2)	남구, 서구
인천 (2)	강화군, 옹진군
경기 (2)	가평군, 연천군
강원 (12)	고성군, 삼척시, 양구군, 양양군, 영월군, 정선군, 철원군, 태백시, 평창군, 홍천군, 화천군, 횡성군
충북 (6)	괴산군, 단양군, 보은군, 영동군, 옥천군, 제천시
충남 (9)	공주시, 금산군, 논산시, 보령시, 부여군, 서천군, 예산군, 청양군, 태안군
전북 (10)	고창군, 김제시, 남원시, 무주군, 부안군, 순창군, 임실군, 장수군, 정읍시, 진안군
전남 (16)	강진군, 고흥군, 곡성군, 구례군, 담양군, 보성군, 신안군, 영광군, 영암군, 완도군, 장성군, 장흥군, 진도군, 함평군, 해남군, 화순군
경북 (16)	고령군, 군위군, 문경시, 봉화군, 상주시, 성주군, 안동시, 영덕군, 영양군, 영주시, 영천시, 울릉군, 울진군, 의성군, 청도군, 청송군
경남 (11)	거창군, 고성군, 남해군, 밀양시, 산청군, 의령군, 창녕군, 하동군, 함안군, 함양군, 합천군

❷ 노인복지주택의 현황

2023년 6월 기준 국내에 총 40개소의 노인복지주택이 운영 중이다. 임대형 노인복지주택이 22곳으로 가장 많으며, 분양형 노인복지주택은 10곳, 임대와 분양이 함께 적용된 혼합형 노인복지주택은 8곳이다.

● 노인복지주택 현황

입주 방식	지역		시설명	입지 유형	설치일	전체 세대 수	
	시도	시·군·구				분양	임대
임대 (22 개소)	서울	종로구	KB골든라이프케어 평창카운티	도심	23.11.30	-	164
	서울	중구	서울시니어스타워 ㈜서울본부	두심	15.07.17	-	144
	서울	용산구	하이원빌리지	도심	09.02.16	-	114
	서울	강남구	더시그넘하우스	도심	17.08.04	-	170
	부산	수영구	흰돌실버타운	도심	00.10.19	-	291
	인천	서구	마리스텔라	도심	15.01.21	-	264
	대전	유성구	사이언스빌리지	도심	19.10.21	-	240
	세종	세종시	밀마루복지마을	근교	14.11.17	-	100
	경기	수원시	(복)빛과소금 유당마을	근교	15.07.01	-	261
	경기	성남시	성남시 아리움	근교	09.01.07	-	38
	경기	용인시	삼성 노블카운티	근교	01.04.30	-	555
	경기	안성시	안성 크리스찬 휴빌리지	근교	17.03.06	-	76
	경기	남양주시	수동시니어타운	전원	03.09.20	-	136
	경기	남양주시	에버그린센터	전원	19.04.01	-	46
	경기	가평군	청심빌리지	전원	05.06.08	-	155

입주 방식	지역		시설명	입지 유형	설치일	전체 세대 수	
	시도	시·군·구				분양	임대
임대 (22 개소)	경기	가평군	생명의빛 홈타운	전원	22.01.17	-	33
	강원	동해시	동해약천온천 실버타운	전원	04.12.04	-	155
	충북	청주시	청주아침햇살 실버타운	전원	23.09.01	-	15
	충남	공주시	공주원로원	전원	16.09.01	-	100
	전북	김제시	김제노인전용주택	전원	00.10.27	-	150
	경북	김천시	월명성모의 집 노인복지주택	전원	99.08.30	-	100
	경남	양산시	에코뷰 카운티(실버타운)	전원	21.10.18	-	30
계							3,337
분양 (10 개소)	서울	중구	정동 상림원	도심	05.12.15	98	-
	서울	은평구	시니어캐슬 클라시온	도심	07.09.28	137	-
	서울	마포구	상암 카이저팰리스	도심	11.01.19	240	-
	서울	강동구	후성누리움	도심	07.04.08	51	-
	경기	수원시	광교 아르데코	근교	17.08.29	261	-
	경기	수원시	광교 두산위브	근교	18.05.28	547	-
	경기	기흥구	스프링카운티자이	근교	19.10.10	1,345	-
	경기	성남시	더 헤리티지	근교	09.09.22	390	-
	경기	하남시	벽산 블루밍 더 클래식	근교	10.07.30	220	-
	전북	전주시	옥성노인복지주택	전원	03.05.30	446	-
계						3,735	

입주 방식	지역		시설명	입지 유형	설치일	전체 세대 수	
	시도	시·군·구				분양	임대
혼합 (8개 소)	서울	성북구	노블레스타워	도심	08.04.15	42	197
	서울	강서구	서울시니어스타워 ㈜가양본부	도심	07.12.27	189	161
	서울	강서구	서울시니어스타워 ㈜강서본부	도심	03.02.03	98	44
	서울	강남구	서울시니어스타워 ㈜강남본부	도심	15.04.28	64	31
	경기	성남시	서울시니어스타워 ㈜분당본부	근교	03.08.23	176	76
	경기	성남시	정원속궁전	근교	05.07.12	150	20
	전북	정읍시	내장산실버아파트	전원	11.11.16	9	138
	전북	고창군	서울시니어스타워 ㈜고창타워	전원	17.10.19	357	182
계						1,085	849

출처: 보건복지부, 2024 노인복지시설 현황

저출산으로 인해 학령인구가 감소함에 따라 대학의 미충원 규모는 지속적으로 확대되고,[5] 입학 인원의 감소로 대학 수입 재원이 감소하고 있다. 사립대학의 수입 재원은 크게 등록금, 전입금, 기부금, 국고보조금, 적립금, 차입금 등으로 나뉘며 이 중 가장 큰 비중을 차지하고 있는 것이 등록금 수입이다. 이는 등록금 의존율을 보면 파악할 수 있는데, 2022년 사립대학재정통계연보(한국사학진흥재단)에 따르면 사립대 192개교의 회계연도 21년 결산 기준 등록금 의존율은 53.5%로 조사되었다. 자금수입의 50% 이상을 등록금 수입에 의존하고 있는 것으로 나타남에 따라, 학령인구 감소에 따른 재정난은 가속화될 수 있으므로 학교법인들은 수익사업 활성화를 통해 수익금을 증대시킬 방안을 모색할 필요가 있다.

기획재정부는 2024년 7월 23일 '시니어 레지던스 활성화 방안'을 발표[6]하여 고령인구에 비해 턱없이 부족한 고령자 주택을 다양한 형태로 늘리기로 하였다. 방안 중 하나로 지자체가 시니어 레지던스[7] 조성 등을 위해 유휴 기반시설 부지를 활용할 수 있도록 용도·밀도 규제를 완화하는 근거를 마련하기로 하였다. 고령자들의 수요가 높은

---

5) 저출산고령사회위원회 (2022.12.28.). 「인구구조 변화와 대응방안」 4대 분야·6대 핵심과제 선정. 대한민국 정책브리핑.

6) 기획재정부 (2024.07.23.). 「시니어 레지던스 활성화 방안」 발표. 대한민국 정책브리핑.

7) 시니어 레지던스는 실버타운(노인복지주택), 고령자 복지주택(공공임대), 실버스테이(민간임대) 등 고령층을 위한 제반 서비스(가사·건강·여가 등)가 제공되는 고령 친화적인 주거공간을 의미하며, 법상 개념은 아니다.

도심지의 부지 공급이 어려운 점을 감안하여 도심 내 유휴시설인 대학시설, 폐교, 숙박시설, 오피스텔 및 유휴 국유지를 시니어 레지던스로 조성할 수 있도록 지원을 강화하기로 한 것이다.

UBRC는 학생 수 감소로 인한 대학 재정 위기와 초고령사회에 직면한 고령자 주택 부족이라는 두 가지 문제를 동시에 해결할 수 있는 대안이다. 2022 한국 성인의 평생학습실태 조사(한국교육개발원)에 따르면 2017년에서 2019년까지 전 연령의 평생학습 참여율은 34.4%에서 41.7%까지 늘어 평생교육에 대한 니즈는 계속적으로 증가하고 있다. 학령인구 감소로 인해 대학의 줄어드는 재정을 은퇴자들의 학습 수요로 기존 입학 재원 일부를 대체하면 대학의 재정 확보가 가능해지고, 대학이 지역사회 내 존속을 유지한다면 UBRC가 「대학－노인－지역사회」의 상생을 이끌 수 있는 모델로 자리매김이 가능할 것이다.

● 시니어 레지던스 분류

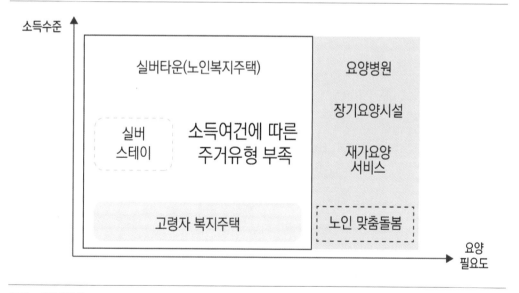

출처: 기획재정부

일부 지방대학은 이미 UBRC 사업을 준비 중이다. 광주 조선대와 부산 동명대는 24년 3월에 법무법인 대륙아주와 학교 유휴부지에 교육 및 의료 시스템을 접목한 실버타운을 건설하는 내용의 업무협약을 체결하였다. 동명대는 캠퍼스 입구에 600여 세대 규모의 실버타운을 건설하여 입주 은퇴자들이 자유롭게 대학 출입을 하고 캠퍼스 시설을 원활하게 이용할 수 있게 한다. 조선대는 조선대병원 인근에 700여 세대의 주거 시설을 준비 중에 있다. 두 대학이 이 시설을 도입하면 국내 대학이 캠퍼스에 실버타운을 짓는 첫 사례가 된다.[8]

저출산·고령화로 인해 심각한 위기를 맞은 지방대학에 UBRC의 도입을 제안하는 바이다. 지방대학은 UBRC 도입을 통해 급증하는 고령인구를 학습 수요로 포용함으로써 재정 위기를 극복하고 지역사회에 지속적으로 기여할 수 있는 기반을 마련할 수 있다. 이에 따라, UBRC 도입 가능 캠퍼스 분석을 주제로, 지방대학들을 대상으로 UBRC 도입 가능성을 살펴보자. 전개되는 내용은 공저자인 김세율의 박사학위 논문인 「노인주거단지의 특성연구: CCRC와 UBRC의 개념을 중심으로」(2023)에 기반한다.

● UBRC 도입 가능 대상 캠퍼스

UBRC 도입 가능 캠퍼스 분석이라는 주제에 해당하는 대상은 대학알리미[9]의 2022년도 공시대학 중 고등교육법을 근거로 설립된 대학들로, 대지면적을 보유하고 있어 대학의 입지적 특성을 판단할 수

---

8) 황재성 (2024.05.05.). 대학 캠퍼스에도 실버타운 들어서나? 고령화시대 새 먹거리로 주목[황재성의 황금알]. 동아일보.

9) 대학알리미(www.academyinfo.go.kr)는 대학의 주요 정보를 제공하는 웹사이트로 한국대학교육협의회에서 운영하고 있음

있는 캠퍼스들이다. 서울에 소재한 대학을 제외한 전 지역의 대학을 조사하고, 대학별 캠퍼스가 구분된 경우는 캠퍼스별로 반영하였다.

●● 캠퍼스 현황

구분	사립대학			국·공립 대학	
	일반대학 (각종학교· 산업대학 포함)	전문대학	대학원대학	일반대학 (교육대학 포함)	전문대학
부산	15	8	0	4	0
대구	6	7	0	3	0
인천	5	3	2	2	0
광주	8	6	0	2	0
대전	9	4	1	2	0
울산	1	2	0	0	0
세종	3	1	0	0	0
경기	38	29	12	2	1
강원	7	6	0	5	1
충북	9	4	0	4	1
충남	17	4	0	4	1
전북	7	7	1	3	0
전남	6	7	0	4	1
경북	17	14	1	3	1
경남	6	8	0	4	2
제주	1	2	0	2	0
계	155	112	17	44	8

● 시도별 캠퍼스 수

인천(12) 경기(82) 강원(19)
충북(18)
세종(4)
충남(26) 경북(36)
대전(16)
전북(18) 대구(16)
울산(3)
광주(16) 경남(20)
부산(27)
전남(18)

울릉도
독도

제주(5)

　　서울 소재 대학을 제외한 이유는 지방대학이 처한 위기를 극복할 수 있는 대안의 일환으로 UBRC 도입을 제안하기 위해서이다. 서울 소재 대학들에 비해 지방대학들의 신입생 충원율이 낮은 점[10]은 그만큼 서울 소재 대학으로의 쏠림 현상이 심화되고 지방대학의 위기가 가속화되고 있음을 의미한다. 지방대학의 존속 위기는 지방소멸로 이어질 수 있으므로 대책 마련이 그 어느 때보다 시급하다. 이에, 서울 지역을 제외한 나머지 지역들의 대학을 중심으로 하여 지방대학이 갖는 특수성을 반영하고자 하였다.

　　시간적 범위는 2022년 10월 기준이며, 공시대상 대학 전체 413곳 대학 중 전문대학인 한국골프대학교, 한국승강기대학교 등과 같이 학

---

10) 이현건 (2021.07.04.). 지방대학 신입생 충원율 제고와 경쟁력 향상을 위한 과제는?. 대학지성 in&out.

교 설립 취지와 목적이 분명하고 특정 분야의 인재 양성을 중점에 두고 있는 학교는 제외하여 총 336개의 캠퍼스를 대상으로 하였다.

캠퍼스 현황을 시군구별로 살펴보면 다음과 같다.

● **시군구별 캠퍼스 현황**   (단위: 개)

시·군·구	사립	국립	공립	계	시·군·구	사립	국립	공립	계
부산 금정구	3	1	0	4	경기 가평군	1	0	0	1
부산 남구	3	1	0	4	경기 고양시 덕양구	3	0	0	3
부산 부산진구	5	0	0	5	경기 과천시	1	0	0	1
부산 북구	1	0	0	1	경기 광주시	3	0	0	3
부산 사상구	3	0	0	3	경기 군포시	1	0	0	1
부산 사하구	2	0	0	2	경기 김포시	2	0	0	2
부산 서구	3	0	0	3	경기 남양주시	1	0	0	1
부산 연제구	1	1	0	2	경기 동두천시	1	0	0	1
부산 영도구	1	1	0	2	경기 부천시	4	0	0	4
부산 해운대구	1	0	0	1	경기 성남시 수정구	3	0	0	3
대구 남구	5	1	0	6	경기 성남시 중원구	1	0	0	1
대구 달서구	3	0	0	3	경기 수원시 권선구	1	0	0	1
대구 북구	3	1	0	4	경기 수원시 영통구	3	0	0	3
대구 수성구	1	0	0	1	경기 수원시 장안구	2	0	0	2
대구 중구	1	1	0	2	경기 시흥시	1	0	0	1
인천 강화군	2	0	0	2	경기 안산시 단원구	2	0	0	2
인천 계양구	1	1	0	2	경기 안산시 상록구	2	0	0	2
인천 남동구	1	0	0	1	경기 안성시	3	1	0	4

시·군·구	사립	국립	공립	계	시·군·구	사립	국립	공립	계
인천 동구	1	0	0	1	경기 안양시 동안구	1	0	0	1
인천 미추홀구	3	0	0	3	경기 안양시 만안구	4	1	0	5
인천 연수구	2	1	0	3	경기 양주시	3	0	0	3
광주 광산구	4	0	0	4	경기 양평군	1	0	0	1
광주 남구	4	0	0	4	경기 여주시	1	0	0	1
광주 동구	3	0	0	3	경기 오산시	2	0	0	2
광주 북구	3	2	0	5	경기 용인시 기흥구	5	0	0	5
대전 대덕구	2	0	0	2	경기 용인시 수지구	1	0	0	1
대전 동구	4	0	0	4	경기 용인시 처인구	5	0	0	5
대전 서구	4	0	0	4	경기 의왕시	1	0	0	1
대전 유성구	2	2	0	4	경기 의정부시	3	0	0	3
대전 중구	2	0	0	2	경기 이천시	4	0	0	4
울산 남구	1	0	0	1	경기 파주시	2	0	0	2
울산 동구	1	0	0	1	경기 평택시	2	1	0	3
울산 울주군	1	0	0	1	경기 포천시	2	0	0	2
세종	4	0	0	4	경기 화성시	7	0	0	7
강원 강릉시	2	1	1	4	전북 정읍시	1	0	0	1
강원 고성군	1	0	0	1	전남 곡성군	1	0	0	1
강원 삼척시	0	1	0	1	전남 나주시	3	0	0	3
강원 영월군	1	0	0	1	전남 담양군	0	0	1	1
강원 원주시	4	1	0	5	전남 목포시	2	1	0	3
강원 춘천시	3	2	0	5	전남 무안군	1	1	0	2
강원 태백시	1	0	0	1	전남 순천시	2	1	0	3

시·군·구	사립	국립	공립	계	시·군·구	사립	국립	공립	계
강원 횡성군	1	0	0	1	전남 여수시	1	1	0	2
충북 괴산군	1	0	0	1	전남 영광군	1	0	0	1
충북 영동군	1	0	0	1	전남 영암군	2	0	0	2
충북 옥천군	0	0	1	1	경북 경산시	11	0	0	11
충북 음성군	2	0	0	2	경북 경주시	4	0	0	4
충북 제천시	3	0	0	3	경북 구미시	2	1	0	3
충북 청주시 서원구	2	2	0	4	경북 김천시	2	0	0	2
충북 청주시 청원구	2	0	0	2	경북 문경시	1	0	0	1
충북 청수시 흥덕구	1	1	0	2	경북 상주시	0	1	0	1
충북 충주시	1	1	0	2	경북 안동시	3	1	0	4
충남 공주시	0	2	0	2	경북 영주시	2	0	0	2
충남 금산군	1	0	0	1	경북 영천시	1	0	0	1
충남 논산시	2	0	0	2	경북 예천군	0	0	1	1
충남 당진시	2	0	0	2	경북 칠곡군	2	0	0	2
충남 서산시	1	0	0	1	경북 포항시 남구	1	0	0	1
충남 아산시	3	0	0	3	경북 포항시 북구	3	0	0	3
충남 예산군	0	1	0	1	경남 거제시	1	0	0	1
충남 천안시 동남구	7	0	0	7	경남 거창군	1	0	1	2
충남 천안시 서북구	3	1	0	4	경남 김해시	4	0	0	4
충남 청양군	0	0	1	1	경남 남해군	0	0	1	1
충남 홍성군	2	0	0	2	경남 양산시	2	1	0	3
전북 군산시	3	1	0	4	경남 진주시	2	2	0	4
전북 완주군	3	0	0	3	경남 창원시 마산합포구	1	0	0	1

시·군·구	사립	국립	공립	계	시·군·구	사립	국립	공립	계
전북 익산시	3	0	0	3	경남 창원시 마산회원구	2	0	0	2
전북 임실군	1	0	0	1	경남 창원시 성산구	1	0	0	1
전북 전주시 덕진구	0	1	0	1	경남 창원시 의창구	0	1	0	1
전북 전주시 완산구	4	1	0	5	제주 제주시	3	2	0	5

출처: 김세율(2023). 노인주거단지의 특성 연구: CCRC와 UBRC의 개념을 중심으로. 건국대학교 박사학위논문.

⦿ UBRC 도입 가능 캠퍼스 정의

UBRC 도입 가능 캠퍼스를 정의하기 위해 CHAPTER 3에서 기술한 고령친화대학(AFU)에 대해 상기할 필요가 있다. 고령친화대학(AFU)들은 AFU 10대 원칙을 지지하고 대학의 프로그램 및 정책에 고령 친화성을 반영하기 위해 노력한다. AFU 10대 원칙 중 〈원칙 9〉는 대학 자체의 은퇴 커뮤니티를 적극적으로 발전시킨다는 내용으로(고령친화대학(AFU) 10대 원칙 참고), AFU로 지정된 대학들은 은퇴 커뮤니티를 도입하기 위해 노력하고 있다.

2018년에 AFU로 지정된 University of Rhode Island(URI)는 캠퍼스에 은퇴 커뮤니티를 구축할 방법을 논의 중이며, 이런 은퇴자 커뮤니티는 노인에게 주택과 서비스를, 교수진에게는 프로젝트를 수행할 수 있는 공간을 제공하며, 학생들에게는 인턴십이나 봉사활동 기회를 제공할 것이라 기대하고 있다(Clark & Leedahl, 2019). 2020년 AFU 글로벌 네트워크에 합류한 Michigan State University(MSU) 역시 2016년 MSU의 대학 총장이 UBRC 구축 가능성을 모색 중이라고 발표한 이래 MSU 퇴직자 협회, 동창회, AgeAlive 및 MSU Worklife Office(WLO)를 중심으로 UBRC 구축을 위한 협의를 이어 나가고 있다(Luz & Baldwin, 2019). 또한 UBRC와 제휴된 대학 기관들은 특히 AFU 원칙을 채택하고 있다(Montepare et al., 2019). 이처럼 AFU 글로벌 네트워크에 속한 대학들은 고령 친화성을 높여 UBRC를 적극 추진하고자 노력 중이다. 이런 일련의 예들은 고령 친화도가 높은 대학 캠퍼스들이 UBRC를 도입할 가능성이 높다는 합리적 추론을 가능하게 한다. 이에 336개의 캠퍼스들 중 고령 친화 요소를 보유한 캠퍼스들을 UBRC 도입 가능 캠퍼스로 정의한다.

● UBRC 도입 가능 캠퍼스 선정 판단 기준

No.	수용성 순위	AFU 주제	정의	대학 정량적 데이터
3	15	사회 참여 및 봉사	우리 대학은 인구 고령화와 관련한 변화에 대응하기 위하여 전문 교육 및 훈련 정책을 수립하고 실행하는 것뿐만 아니라 필요한 분야의 전문가를 양성한다.	• 캠퍼스별 개설학과 • 친고령산업 특성화대학원
39	2	노인 친화적 환경	우리 대학은 젊은 학생들을 위해 노화와 관련된 다양한 과정을 개발하고 제공한다.	
10	12	평생 교육	우리 대학은 평생교육 센터를 통해 고령 학습자들에게 다양한 평생교육 서비스를 제공한다.	캠퍼스 부설 평생교육원 프로그램
63	8	행정 지원	우리 대학은 노인 관련 연구 센터가 있다.	캠퍼스별 노인 관련 연구소

출처: 김세율(2023). 노인주거단지의 특성 연구: CCRC와 UBRC의 개념을 중심으로. 건국대학교 박사학위논문.

336개의 캠퍼스들 중 UBRC를 도입할 가능성이 있는 캠퍼스의 선정은 Lim, J. S. et al.(2023) 연구의 대학 고령 친화도 판단 지표 중 대학의 정량적 데이터를 객관적으로 반영할 수 있는 4개의 항목을 통해 판단한다. 4개의 항목에 해당하는 대학의 정량적 지표는 상기 표와 같다.

지표 3번인 고령화와 관련된 인재 양성과 지표 39번인 교육 과정 제공 여부는 캠퍼스별 개설학과 및 친고령산업 특성화대학원 운영 여부를 통해, 지표 10번인 고령자들에게 평생교육 서비스 제공 여부는 캠퍼스별 부설 평생교육원 프로그램 중 시니어를 직접 대상으로 운영하는 프로그램 유무로, 지표 63번인 노인 관련 연구 센터 존재 여부는 캠퍼스별 노인 관련 부설 연구소 운영 유무로 판단할 수 있다.

즉, '노인', '실버', '고령', '시니어' 단어가 포함된 학과가 존재하는 캠퍼스, 친고령산업 특성화대학원을 운영 중인 캠퍼스, 캠퍼스 부설 평생교육원 교육 과정 내에 시니어를 직접 대상으로 하는 프로그램을 운영 중인 캠퍼스, 노인과 관련된 부설 연구소를 운영 중인 캠퍼스를 고령 친화 요소를 보유한 캠퍼스로 판단한다.

또한, 대학 부설 병원이 캠퍼스 내에 있거나 캠퍼스에 근접해 있는 캠퍼스도 선정[11])하였는데, UBRC는 노인을 대상으로 하는 CCRC이므로 캠퍼스 안이나 근접한 곳에 대형병원이 있는 캠퍼스의 이점은 상당히 크다.

이를 정리하면, 고령 친화 요소는 노인 친화학과, 노인 친화 프로그램, 노인 관련 연구소, 대학 부설 병원으로 구분되고, 이 4가지의 고령 친화 요소를 하나 이상 보유한 캠퍼스를 UBRC 도입 가능 캠퍼스로 정의한다.

---

11) 대학 부설 병원이 있으나 캠퍼스와 별개의 지역에 있는 경우는 미선정

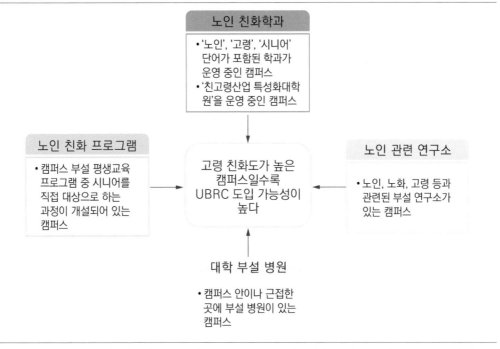

출처: 김세율(2023). 노인주거단지의 특성 연구: CCRC와 UBRC의 개념을 중심으로. 건국대학교 박사학위논문.

● UBRC 도입 가능 캠퍼스의 고령 친화 요소

고령 친화 요소인 노인 친화학과, 노인 친화 프로그램, 노인 관련 연구소, 대학 부설 병원을 차례대로 살펴보자.[12]

노인 친화학과

고령 친화 요소 중 노인 친화학과에 해당하는 캠퍼스들은 노인

---

12) 대학 캠퍼스들의 2022년 하반기 자료임

관련 학과를 운영 중인 곳과 '친고령산업 특성화대학원'을 운영 중인 곳으로 정의한다.

노인 관련 학과

고령친화대학(AFU) 시행지침을 개발한 Lim, J. S. et al.(2023)의 연구에 따르면, 대학의 고령 친화도를 판단할 수 있는 지표들 중 대학 내 고령화와 관련한 전문가 양성(3번)과 고령화와 관련된 다양한 교육과정 개발 및 제공 여부(39번)에 관한 지표들이 있다(**UBRC 도입 가능 캠퍼스 선정 판단 기준** table 참고). 이 두 지표는 캠퍼스별 개설학과로 파악이 가능하다. 개설학과를 통해 고령화에 대한 대학의 이해 및 관련 인재의 육성 의지를 파악해 볼 수 있다.

개설학과명에 '노인', '실버', '고령', '시니어', '사회복지'가 들어 있는 학과들 중 '사회복지' 학과가 있으면서 '노인', '실버', '고령', '시니어' 학과를 포함하고 있는 캠퍼스와 '사회복지' 학과가 없지만 '노인', '실버', '고령', '시니어' 학과를 포함하고 있는 캠퍼스를 초고령사회에 대비하며 고령 이해 및 관련 인재 육성 의지가 높은 캠퍼스라고 판단한다. 캠퍼스별 개설학과명 조회 및 분류는 교육통계서비스 학교/학과별 데이터셋 자료를 활용하였다.

분류	종류
노인복지	노인복지학과, 사회복지학과 노인복지전공, 노인복지상담학과, 노인학과(노년학 전공), 노인학과(고령서비스-테크융합전공(노년학 전공)), 가족·노인복지학과, 아동노인복지학부, 아동노인복지학, 노인복지과
노인건강 및 의료	노인재활치료학과, 노인의료복지학과, 노인학과(노화의과학 전공), 노인학과(고령서비스-테크융합전공(노인의과학 전공)), 노인체육복지학과, 노인복지보건학과, 노인간호전공, 노인전문간호전공, 노인건강간호학과, 노인재활복지학과
노인 산업	노인케어창업과, 노인요양시설창업과

'노인'이라는 단어가 포함된 개설학과명부터 살펴보면 크게 노인복지, 노인건강 및 의료, 노인 산업으로 분류된다. 336개 캠퍼스 중 '노인' 관련 학과가 있는 캠퍼스는 모두 17개로, 약 5%의 캠퍼스에서 운영 중인 것으로 조사되었다.[13]

'실버'가 포함한 학과명을 살펴보면, '노인'이라는 단어를 '실버'로 변경하여 사용하고 있는 유사성을 찾아볼 수 있다. 크게 실버복지, 실버건강 및 의료, 실버 문화 및 산업으로 분류된다. 336개의 캠퍼스 중에서 '실버'가 포함된 학과를 운영 중인 캠퍼스는 모두 12개로 약 3.5%의 매우 낮은 비율을 보이고 있다.

분류	종류
실버복지	실버복지학과, 실버복지상담학과, 미래융합학부(실버복지상담학전공), 실버케어복지학과, 실버케어복지전공, 실버복지상담과, 실버복지과(인문사회), 실버사회복지(학)과
실버건강 및 의료	실버스포츠학과, 실버스포츠학전공, 실버보건학과(인문사회계열), 실버보건학과, 실버재활전공
실버 문화 및 산업	실버산업학과(학부), 미술학과 아동·실버미술지도 전공, 실버스포츠산업학과, 실버컨설팅학과, 실버비즈니스학과, 실버문화경영학과

'고령' 단어를 포함한 학과는 '노인'과 '실버'가 포함된 학과에 비해 그 수가 현격히 적은 것으로 나타났다. 의학영양학과(고령서비스-테크융합전공), 고령친화산업법무전공, 고령친화산업학(과), 고령산업융합학과가 그것으로, 336개의 캠퍼스 중 단 2곳만 해당한다.

'시니어' 단어가 포함된 개설학과 역시 그 수가 적은데, 시니어휴먼에콜로지협동과정, 시니어전문창업학과, 시니어웰니스학부, 시니어

---

13) 같은 캠퍼스 내 대학원에 개설학과가 있는 경우 동일 캠퍼스로 포함하여 산정함

스포츠학전공, 시니어스포츠학과, 시니어운동처방학과, 시니어산업학과, 시니어헬스케어학과가 개설되어 있고, 4개의 캠퍼스가 해당되는 것으로 확인되었다.

마지막으로 '사회복지'를 포함한 개설학과는 사회복지학부, 사회복지학과, 사회복지전공, 사회복지학과 노인복지 전공, 사회복지계열, 사회복지행정학전공, 사회복지정책 전공 등을 포함하여 111개의 서로 다른 학과명이 존재하고, 336개 캠퍼스 중 약 66%인 221개의 캠퍼스에서 개설되어 운영 중인 것으로 파악되었다. 사회복지학은 인간 중심의 행복한 사회를 만들기 위한 노력의 일환으로 복지국가나 사회보장 분야에서 인간의 더 나은 삶의 질을 증진시키기 위한 정책, 제도, 상담, 서비스 등을 연구하는 학문으로, 노인을 포함한 사회적 지원이 필요한 여성, 장애인, 청소년, 아동학대·가정폭력 피해자들을 대상으로 하는 큰 범주의 학문으로 다수의 학교에 개설되어 있다.

'사회복지' 연관 학과가 있으면서 '노인', '실버', '고령', '시니어' 단어가 포함된 학과를 포함한 캠퍼스는 336개 캠퍼스 중 25개(약 7.4%)의 캠퍼스가 해당되고, '사회복지' 연관 학과는 없지만 '노인', '실버', '고령', '시니어' 단어가 포함된 학과가 존재하는 캠퍼스는 336개 캠퍼스 중 5개(약 1.5%)의 캠퍼스가 해당되어 '사회복지' 연관 학과가 있는 경우 '노인', '실버', '고령', '시니어' 단어가 포함된 학과가 있을 확률이 높다는 것을 알 수 있다.

UBRC 도입 가능 캠퍼스들의 고령 친화 요소로, '노인', '실버', '고령', '시니어' 단어가 포함된 학과가 존재하는 캠퍼스들을 친고령 인식 및 고령사회의 인재 육성 의지를 갖고 있는 캠퍼스라 판단한다. 336개 캠퍼스 중 약 9%인 30개의 캠퍼스가 해당되는 것으로 조사되었다.

친고령산업 특성화대학원

2015년부터 보건복지부 및 한국보건산업진흥원에서는 건강한 고령사회의 대응 체제를 구축하고자 노화기전과 노인성 질환 연구 및 건강 노화 관련한 전문 인력 양성을 위해 친고령산업 특성화대학원을 지정 운영하고 있다. 이는 2013년 140대 국정과제 중 하나인 건강증진·웰빙 등 항노화 산업과 친고령산업을 미래 성장 산업으로 육성하고자 함으로, 경희대학교와 차 의과학대학교가 친고령산업 특성화대학원 운영 대학으로 선정되었다(김성재 외, 2019).

경희대학교는 동서의학대학원 내 노인학과를 운영하면서 건강노화(Healthy Aging)를 위한 다학제적·융합적 교육연구체계를 구축하고, 고령친화산업(기업) 및 현장수요에 집중한 맞춤형 전문 인력 양성을 교육목표로 삼고 있다. 노인학과 내에는 3개의 전공이 있는데, 건강노화/노년학 분야의 사회과학에 기반으로 다학제·융합형 전문 인력 양성이 목적인 노년학 전공과 건강노화에 대해 의과학적 연구를 기반으로 전문 인력 양성을 위한 노화의과학 전공, 초학제적 융합교육과 문제해결형 교육에 기반하여 초고령사회 진입에 따른 혁신인재 양성을 위한 고령서비스－테크(AgeTech－Service) 전공이 그것이다. 경희대학교의 배출 인력은 노화 연구와 관련한 국가·기업·병원·대학 연구소, 노인건강관리서비스나 노인요양서비스 등과 관련된 기관, 노인 정책과 관련된 정책 기획·개발·관리를 위한 정부 공공기관 등 다양한 분야로 진출하고 있다.[14]

차 의과학대학교는 일반대학원 내 고령친화산업학과를 설치·운영 중으로, 가장 빠른 고령화를 경험 중인 우리나라 미래를 대비하기 위한 고령친화산업 전문가 육성 및 고령화를 기회로 활용하기 위한

---

14) 경희대학교 동서의학대학원(http://gsm.khu.ac.kr/)

전략, 정책 전문가 양성을 목적으로 하고 있다.[15] 차 의과학대학에서는 우수 인력 배출을 위해 해외 석학 초청 특강을 교육에 반영하고, 석사과정 중 연구 프로젝트에 참여하여 전문연구요원의 역량을 배양할 수 있는 기회를 제공하며, 인턴십·공모전·세미나 등 다양한 융복합적 경험을 축적할 수 있도록 한다. 또한 친고령산업 활성화를 위한 산학협력 체계 및 친고령 산업체와의 협력 체계를 구축하여 산학연 네트워크 구축과 실무역량 배양, 취업 연계 시스템을 구축하고 있다 (김성재 외, 2019).

이 두 대학은 2015년부터 빠르게 고령화되는 사회에 적합한 인재 양성을 위한 교육에 집중하고 있어 친고령 인식 및 관련 인재 육성 의지가 높은 캠퍼스라고 판단한다.

노인 친화 프로그램

대학은 지역 내 가장 우수한 물적·인적 인프라를 보유하고 있는 고등교육기관으로, 보유 자원을 활용하여 개인과 사회를 위한 교육 창출에 기여하고 평생교육 차원에서 지역사회 발전 및 지역주민의 삶의 질 향상 차원에서 프로그램을 제공하는 등 대학의 사회적 책무가 커지고 있다(정복임, 2021). 이런 차원에서 대학들은 부설 평생교육원을 운영하며 평생학습사회의 요구에 대응하고 있다.

2022년 평생교육기관 현황(교육통계서비스)에 따르면, 대학(원) 부설 평생교육원은 전체 335개로, 고등교육법에 근거하여 설립된 394개의 대학 중 약 85%가 평생교육원을 운영하는 것으로 나타났다. 대학별로 평생교육원 프로그램을 확인한 결과, 대학(원) 부설 평생교육원 프로그램은 교양 프로그램이 위주이고 상업화 프로그램의 성격이

---

15) 차 의과학대학교 일반대학원(https://grad.cha.ac.kr/)

강하며, 프로그램의 내용이 대체로 유사함을 알 수 있었다. 모든 연령들을 대상하는 프로그램이 많았고, 특정 계층을 가르치는 인력을 양성하는 지도사 과정이 다수 존재하며, 학점 은행제를 운영하는 과정역시 많은 평생교육원에서 실시하고 있었다.

평생교육원 내 프로그램들 중 시니어를 직접 대상으로 모집하고운영하는 프로그램16)은 일반 프로그램에 비해 그 수가 현저히 적었다. 336개의 캠퍼스의 부설 평생교육원에서 시니어를 직접 대상으로하는 프로그램을 운영하는 캠퍼스는 29곳으로 그 비율은 약 8.6%에해당하였다.

특정 연령(만 65세 이상, 만 50세 이상 등)을 대상으로 하는 프로그램은 크게 시니어 모델과 시니어 아카데미로 나눌 수 있고, 캠퍼스별 운영 프로그램은 다음 표와 같다. 이런 프로그램들은 전체 연령을 대상으로 하는 프로그램이 아닌 시니어를 대상으로 한다는 점에서고령 친화적이며, 평생교육원에서 시니어 대상 프로그램을 운영하고있는 대학은 다른 대학에 비해 고령 친화적 성향 및 고령자를 위한학습개설 의지를 보유하고 있다고 판단한다.

● 대학 부설 평생교육원 내 시니어 직접 대상 프로그램

구분	대학 부설 평생교육원	지역	프로그램
시니어 모델	부산여자대학교	부산	시니어 모델
	계명대학교 대명캠퍼스	대구	시니어 모델
	목원대학교	대전	시니어 모델
	경민대학교	경기	시니어 모델
	경희대학교 국제캠퍼스	경기	한복 전문 모델, 광고 패션 모델

---

16) 2022년 10월 기준으로 대학별 2학기 평생교육원 프로그램을 조사함

구분	대학 부설 평생교육원	지역	프로그램
시니어 모델	국제대학교	경기	연기 모델
	서울신학대학교	경기	부천 인생 학교, 시니어 모델
	신한대학교 의정부캠퍼스	경기	시니어 모델
	강릉영동대학교	강원	시니어 모델 워킹
	건양대학교	충남	시니어 사업
	신성대학교	충남	시니어 모델
	대경대학교	경북	시니어 모델
	대구한의대학교 삼성캠퍼스	경북	액티브 시니어 모델
	대구한의대학교 오성캠퍼스	경북	액티브 시니어 모델
	경남대학교	경남	시니어 모델
시니어 아카데미	부산가톨릭대학교	부산	인생 재설계 실버 교육 과정
	신라대학교	부산	신라 시니어스 아카데미
	부경대학교	부산	노인을 위한 멋진 인생 내 마음 나들이 캠프
	부산대학교	부산	경헌실버아카데미
	경북대학교	대구	명예학생 과정
	대전대학교	대전	시니어 아카데미
	부천대학교	경기	부천 인생 학교
	서울신학대학교	경기	부천 인생 학교, 시니어 모델
	평택대학교	경기	시니어 유튜브 크리에이터 과정
	한국공학대학교	경기	경기도 생활 기술 학교
	한경대학교	경기	안성 중장년 행복캠퍼스
	충북대학교	충북	50+ 인생교실
	건양대학교	충남	시니어 사업

구분	대학 부설 평생교육원	지역	프로그램
	청운대학교	충남	노인 대학
	대구예술대학교	경북	시니어 아카데미
	서라벌대학교	경북	동경주 시니어 대학

출처: 캠퍼스별 평생교육원 홈페이지 검색 및 정리

노인 관련 연구소

Lim, J. S. et al.(2023)이 연구한 대학 고령 친화도 판단 지표들 중 행정 지원 영역 내 노인 관련 연구 센터 보유 여부 지표가 있다. 이 지표를 근거로 캠퍼스별 노인 관련 연구 센터 보유 유무를 파악하여 대학의 고령 친화도를 판단한다. 이에 노인과 관련된 대학(전문대학 포함) 부설 연구소 현황에 대해 살펴보고자 한다. 대학 부설 연구소 현황 자료는 대학알리미에서 2021년도 대학 부설 연구소 현황 자료를 구득 후 가공하였다.

서울을 제외한 나머지 지역에 소재해 있으며 고등교육법에 근거를 두고 설립된 캠퍼스들 중 242개의 캠퍼스가 연구소를 운영 중인 것으로 나타났으며 연구소 수는 3,732개로 확인되었다. 이 중 노인 및 고령, 노화에 관해 연구하고 있는 연구소 수는 26개로 캠퍼스별 연구소 목록은 다음과 같다.

● 노인 관련 대학 부설 연구소 현황

지역	학교 종류	설립 구분	학교	연구소명	학문분야
부산	대학교	사립	동의대학교	항노화연구소	자연과학
대구	대학교	국립	경북대학교	대사질환 및 노화연구소	의약학

지역	학교종류	설립구분	학교	연구소명	학문분야
광주	대학교	국립	전남대학교	노화과학연구소	의약학
대전	대학교	사립	우송대학교	노인주거복지개선연구센터	공학
대전	대학교	국립	한밭대학교	노인복지공학연구소	공학
경기	대학교	사립	강남대학교	실버산업연구소	사회과학
경기	대학교	사립	아주대학교	노인보건연구센터	의약학
				노인간호관리센터	의약학
경기	대학교	사립	을지대학교 의정부캠퍼스	고령친화산업연구소	의약학
경기	대학교	사립	차 의과학대학교	고령사회연구소	인문학
강원	대학교	사립	한림대학교	한림 골격 노화 연구소	의약학
				고령사회연구소	사회과학
				고령사회교육센터	사회과학
				세포분화 및 노화연구소	자연과학
충북	대학교	국립	충북대학교	노화연구소	자연과학
충남	대학교	사립	남서울대학교	고령사회 보건복지연구소	의약학
전북	대학교	국립	전북대학교	고령친화복지연구센터	공학
전남	대학교	국립	순천대학교	전남실버복지연구센터	사회과학
경북	대학교	사립	대구대학교	고령사회연구소	사회과학
				항노화연구소	자연과학
경북	대학교	사립	영남대학교	노인학연구소	사회과학
경북	전문대학	사립	서라벌대학교	실버산업경영연구소	사회과학
경남	대학교	사립	경남대학교	저출생고령사회연구소	의약학
경남	대학교	국립	부산대학교 양산캠퍼스	건강노화 한의과학 연구센터	의약학

지역	학교 종류	설립 구분	학교	연구소명	학문분야
경남	대학교	사립	인제대학교	u-항노화헬스케어연구소	공학
				고령자라이프디자인연구소	의약학

출처: 대학알리미

대학 부설 병원

UBRC는 교육 중심형 CCRC이고, CCRC는 노인을 대상으로 하는 은퇴주거단지이므로 시설과 병원과의 연계성 및 병원 접근의 용이성은 필수적으로 고려해야 한다. 병원이 CCRC 내부에 있거나 근처에 존재하면 노화로 인힌 긴강상 문제나 응급상황 발생 시 신속하게 대처할 수 있어 접근성 높은 병원이 있는 노인 주거시설이 선호된다.

뇌·심혈관 질환(뇌출혈, 뇌졸중, 심근경색)과 암, 당뇨 등과 같은 질환은 즉각적인 의료 처방 및 정밀한 진단을 요구하기 때문에 고품질의 의료서비스를 제공하는 종합병원이 근접해 있는 것은 매우 중요하다(송준호, 2013). 응급 시 5분 이내에 응급치료진이 도착할 수 있는 지역(교통체증 시 15분 이내)과 노인이 걸어서 접근할 수 있는 입지이면 더욱 좋다(이관용, 2007). 이에, 대학 자체에 부속 병원을 갖고 있는 대학이나 대학 근처에 상급종합병원 또는 종합병원과 같은 규모가 큰 병원의 유무가 UBRC 개발의 중요사안이 된다고 판단한다.

병원급 의료기관은 병원, 치과, 한방, 요양, 정신, 종합병원으로 구분한다(의료법 제3조). 이 중 종합병원과 상급종합병원에 대해 알아보면, 종합병원의 설립 기준은 100개 이상의 병상 보유로, 300병상 이하인 경우 7개 이상의 진료과목을 갖추면 되고, 300병상을 초과하는 경우 9개 이상의 진료과목을 갖춰야 한다(의료법 제3조의3). 상급종합병원은 중증질환에 대하여 난이도가 높은 의료행위를 전문적으로 하는 종합병원[17]으로 20개 이상의 진료과목을 갖추고 있으며 보건복지부령으로 정하는 인력·시설·장비 등을 갖추고 있는 곳을 말한다(의료법 제3조의4). 의료지원의 효율적 활용을 목적으로 상급종합병원 지정기준을 충족하는 종합병원을 상급종합병원으로 지정하고 있다.

●● 지역별 병원 현황 및 상급종합병원 지정기관　　　　　　　　　　(단위: 개)

구분	상급종 합병원	종합 병원	병원	요양 병원	상급종합병원 지정기관
서울	14	44	223	108	각주 참고18)
부산	4	25	141	157	고신대학교복음병원 동아대학교병원 부산대학교병원 인제대학교부산백병원
대구	5	14	89	72	경북대학교병원 계명대학교동산병원 대구가톨릭대학교병원 영남대학교병원 칠곡경북대학교병원
인천	3	18	59	59	가톨릭대학교인천성모병원 인하대학교의과대학부속병원 의료법인 길의료재단 길병원
광주	2	23	81	59	전남대학교병원 조선대학교병원
대전	2	8	47	44	충남대학교병원 학교법인건양교육재단 건양대학교병원
울산	1	8	32	36	학교법인 울산공업학원 울산대학교병원
세종	0	2	3	3	-

---

17) 보건복지부 (2020.12.29.). 제4기(2021~2023년) 상급종합병원 45개소 지정. 대한민국 정책브리핑.

구분	상급종합병원	종합병원	병원	요양병원	상급종합병원 지정기관
경기	6	65	284	274	가톨릭대학교성빈센트병원 고려대학교의과대학부속 안산병원 분당서울대학교병원 순천향대학교부속부천병원 아주대학교병원 한림대학교성심병원
강원	2	14	36	31	강릉아산병원 연세대학교 원주세브란스 기독병원
충북	1	12	37	33	충북대학교병원
충남	1	12	46	64	단국대학교의과대학부속병원
전북	2	11	55	74	원광대학교병원 전북대학교병원
전남	1	25	72	78	화순전남대학교병원
경북	0	21	51	102	―
경남	3	22	128	110	양산부산대학교병원 경상국립대학교병원 학교법인성균관대학 삼성창원병원
제주	0	6	8	11	―
계	47	330	1,392	1,315	

출처: 보건의료빅데이터개방시스템, 보건복지부(2023)

---

18) 강북삼성병원, 건국대학교병원, 경희대학교병원, 고려대학교의과대학부속 구로병원, 삼성서울병원, 서울대학교병원, 연세대학교의과대학 강남세브란스병원, 연세대학교의과대학 세브란스병원, 이화여자대학교의과대학부속 목동병원, 재단법인 아산사회복지재단 서울아산병원, 중앙대학교병원, 학교법인고려중앙학원 고려대학교의과대학부속병원(안암병원), 학교법인가톨릭학원가톨릭대학교 서울성모병원, 한양대학교병원

지역별 병원 현황19)에 대해 살펴보면, 전국적으로 상급종합병원은 47개, 종합병원은 330개, 병원은 1,392개, 요양병원은 1,315개이며, 상급종합병원은 서울과 경기도인 수도권에 집중되어 있고, 광역시 중에서는 대구에 5개가 있는 것으로 확인되었다. 종합병원 역시 수도권에 다수 분포하고 있어 지역별 의료시설 편차가 큰 것을 알 수 있다. 요양병원은 경기에 가장 많은 274개가 있고, 부산(157개), 경남(110개), 경북(102개) 순으로 경상도에 요양병원이 많이 분포해 있는 것으로 나타났다.

● UBRC 도입 가능 캠퍼스

4가지 고령 친화 요소인 노인 친화학과, 노인 친화 프로그램, 노인 관련 연구소, 대학 부설 병원 중 한 개 이상을 보유한 고령 친화 캠퍼스인 UBRC 도입 가능 캠퍼스는 모두 75곳으로, 전체 336개 캠퍼스 중 약 22.3%에 해당한다. 선정된 캠퍼스는 다음과 같다.

● UBRC 도입 가능 캠퍼스
(개설학과: 노인 친화학과, 직접: 노인 친화 프로그램, 연구센터: 노인 관련 연구소, 병원: 대학 부설 병원)

지역	캠퍼스	설립	개설학과	직접	연구센터	병원
부산	고신대학교 송도캠퍼스	사립				○
부산	동서대학교	사립	○			○
부산	동의대학교 양정캠퍼스	사립			○	○
부산	동의과학대학교	사립				○

---

19) 보건의료빅데이터개방시스템

지역	캠퍼스	설립	개설학과	직접	연구센터	병원
부산	부산가톨릭대학교	사립	○	○		
부산	부산여자대학교	사립		○		○
부산	신라대학교	사립	○	○		
부산	영산대학교	사립	○			
대구	계명대학교 대명캠퍼스	사립		○		○
대구	계명대학교 성서캠퍼스	사립				○
대구	대구가톨릭대학교 루가캠퍼스	사립				○
대구	대구교육대학교	사립				○
대구	영남대학교	사립				○
대구	영남이공대학교	사립				○
대구	경북대학교	국립			○	
인천	인하대학교	사립	○			
광주	조선대학교	사립				○
대전	대전대학교	사립		○		
대전	대전보건대학교	사립	○			
대전	목원대학교	사립		○		
대전	배재대학교	사립	○			
대전	우송대학교	사립			○	
대전	한밭대학교	사립			○	
경기	가천대학교 글로벌캠퍼스	사립				○
경기	가톨릭대학교	사립				○
경기	강남대학교	사립	○		○	
경기	경기대학교	사립	○			

지역	캠퍼스	설립	개설학과	직접	연구센터	병원
경기	경민대학교	사립		○		
경기	경희대학교 국제캠퍼스	사립	○	○		
경기	국제대학교	사립		○		
경기	동서울대학교	사립	○			
경기	동원대학교	사립	○			
경기	부천대학교	사립		○		○
경기	서울신학대학교	사립		○		○
경기	수원과학대학교	사립	○			
경기	신한대학교 의정부캠퍼스	사립		○		
경기	아주대학교	사립			○	○
경기	용인대학교	사립	○			
경기	을지대학교 의정부캠퍼스	사립	○		○	○
경기	차 의과대학교	사립	○		○	
경기	평택대학교	사립		○		○
경기	한국공학대학교	사립		○		○
강원	강릉영동대학교	사립		○		
강원	경동대학교	사립	○			
강원	한림대학교	사립	○		○	○
강원	강원대학교	국립				○
충북	충북대학교	국립			○	○
충남	건양대학교	사립		○		
충남	남서울대학교	사립	○		○	
충남	단국대학교	사립				○

지역	캠퍼스	설립	개설학과	직접	연구센터	병원
충남	신성대학교	사립		○		
충남	중부대학교	사립	○			
충남	청운대학교	사립		○		
충남	호서대학교	사립	○			
충남	한서대학교	사립	○			
전북	군장대학교	사립	○			
전북	원광대학교	사립				○
전북	전북대학교	국립			○	○
전북	우석대학교	사립	○			
전남	순천대학교	국립			○	○
경북	경일대학교	사립	○			
경북	대경대학교	사립		○		
경북	대구대학교	사립	○		○	
경북	대구예술대학교	사립		○		
경북	대구한의대학교 삼성캠퍼스	사립	○	○		
경북	대구한의대학교 오성캠퍼스	사립		○		
경북	동국대학교	사립				○
경북	서라벌대학교	사립		○	○	
경북	성운대학교	사립	○			
경북	영남대학교	사립			○	
경남	경남대학교	사립		○	○	○
경남	인제대학교	사립	○		○	

지역	캠퍼스	설립	개설학과	직접	연구센터	병원
경남	경상국립대학교 칠암캠퍼스	국립				○
경남	부산대학교 양산캠퍼스	국립			○	○
경남	국립창원대학교	국립	○			○

출처: 김세율(2023). 노인주거단지의 특성 연구: CCRC와 UBRC의 개념을 중심으로. 건국대학교 박사학위논문.

UBRC 도입 가능 캠퍼스로 선정한 대학들은 고령 친화성을 갖추고 있으므로 UBRC를 도입하는 데 유리하여 UBRC 도입을 적극적으로 고려해 볼 수 있다고 판단한다. 이 리스트에 없는 대학들도 UBRC를 도입함으로써 대학 재정과 여러 부분에 경제성이 있다고 판단할 경우 충분히 도입을 검토할 수 있다.

● 고령 친화 요소의 상대적 중요도 분석

UBRC 도입 가능 캠퍼스는 고령 친화 요소인 노인 친화학과, 노인 친화 프로그램, 노인 관련 연구소, 대학 부설 병원 중 하나 이상을 보유한 캠퍼스로 정의하였고, 고령친화대학(AFU)들이 UBRC를 이미 도입했거나 도입을 적극 추진하고 있는 사실을 통해 고령 친화도가 높은 대학일수록 UBRC를 도입할 가능성이 높다고 기술한 바 있다.

대학 캠퍼스들의 고령 친화도를 판단하기 위한 지표로 사용하는 노인 친화학과, 노인 친화 프로그램, 노인 관련 연구소, 대학 부설 병원, 이 4개의 고령 친화 요소 각각은 그 중요도가 서로 다를 것이다. 또한, 고령 친화 요소 1개를 보유한 캠퍼스라도 어떤 요소를 보유하고 있는지에 따라 차이가 있을 것이라 사료된다. 이에, 고령 친화 요소들의 상대적 중요도를 분석하였다.

4가지 고령 친화 요소들의 상대적 중요도에 대한 객관적이며 신뢰성 있는 판단을 위해 전문가 집단을 대상으로 AHP 분석을 실시하고 고령 친화 요소들의 상대적 중요도를 도출하였다. AHP 분석의 여러 과정 중 같은 단계에 있는 요인(항목)들의 쌍대비교를 통해 중요도의 상대적 비교 우위를 결정하고, 응답자의 판단이 일관된 선택인지 일관성지수를 확인하여 분석 결과의 신뢰성을 확보하였다.

설문 대상자 선정 및 설문조사 방법

설문조사의 대상은 노인주택에 대한 이해도가 높은 부동산학 또는 노인 복지학과 교수 4명, 노인복지주택 시설 종사자 5명, 노인주택 관련 부동산 PF 업무 경험이 있는 금융 전문가 5명, 노인주택 시공 또는 시행 경험이 있는 전문가 6명, 대학 사무직 종사자 5명, 총 25명으로 구성하였다. UBRC는 대학과 연계된 노인주거시설이므로 대학 사무직 종사자들을 대상자로 선정하였다.

본 설문의 목적과 취지를 명확히 이해할 수 있도록 응답 대상자들에게 설문 전 기본사항에 대해 유선으로 설명한 후, 전자우편(e−mail)을 이용한 일대일 설문조사를 실시하여 설문의 일관성을 높이고 개별 설문조사로 설문지를 적극 회수하는 방식을 취하였다. 설문 관련 기본사항은 설문 개요에 수록하고, 쌍대비교를 표시하는 예시를 함께 넣어 응답자들의 설문 방법에 대한 혼동을 최소화하였다. 쌍대비교는 5점 척도를 사용하여 응답자들이 판단하는 데 수월성을 기하고자 하였다.

●● 설문조사의 개요

구분	내용
대상	부동산학 · 노인복지학과 교수, 노인복지주택 시설 종사자, 금융 전문가, 시행 또는 시공사 종사자, 대학 사무직 종사자 등
인원	부동산학 · 노인복지학과 교수 4명, 노인복지주택 시설 종사자 5명, 금융 전문가 5명, 시행 또는 시공사 종사자 6명, 대학 시설 사무직 종사자 5명 등 총 25명
시기	2023년 5월 8일부터 12일까지 (5일간)
방법	일대일 온라인 조사

설문조사 분석 방법

UBRC 도입 가능 캠퍼스들이 보유한 고령 친화 요소들의 중요도 산출을 위해 Expert Choice 2000 프로그램을 이용하여 AHP 분석을 하였고, 응답자의 일관성 검증을 통해 신뢰도를 확인한 후 가중치를 도출하였다. AHP 분석에서 유의미한 결과를 도출하기 위해 응답자가 일관성 있게 응답하는 것이 중요하고, 일관성이 떨어지는 설문지는 활용할 수 없다. 이에, 일관성 검증에서 일관성지수(Consistency Index, CI)는 0.1을 기준으로 설정하고, 개별 설문지의 일관성 검증을 통해 일관성 비율을 만족시키는 설문지를 대상으로 분석을 진행하였다.

분석 표본의 특성

배포한 설문의 부수는 총 25부(교수 그룹 4부, 시설 종사자 그룹 5부, 금융 전문가 그룹 5부, 시행 또는 시공사 그룹 6부, 대학 사무직 종사자 그룹 5부)로, 이 중 25부가 회수되어 설문응답 회수율은 100% 였다. 분석에 활용된 표본은 회수된 전체 표본 25부 중 일관성검증을 통해 CI가 0.1이 초과되어 일관성이 의심되는 설문지를 제외하고 각 그룹별 해당 표본 수를 동등하게 하여 분석 자료로 이용하였다.

구성을 살펴보면, 교수 그룹 4부(100%), 시설 종사자 그룹 4부(80%), 금융 전문가 그룹 4부(80%), 시행 또는 시공사 그룹 4부(66.7%), 대학 사무직 종사자 그룹 4부(80%)로 총 20부(80%)를 분석자료로 이용하였다.

●● 설문 응답자 현황 및 유효표본

구분	배부	회수	무효처리	유효처리
교수	4	4	0	4 (100%)
시설 종사자	5	5	1	4 (80.0%)
금융 전문가	5	5	1	4 (80.0%)
시행 또는 시공사	6	6	2	4 (66.7%)
대학 사무직 종사자	5	5	1	4 (80.0%)
계	25	25	5	20 (80.0%)

응답자들의 인구통계학적 특성을 살펴보면, 남성은 14명으로 70%, 여성은 6명으로 30%에 해당하였으며, 연령별로는 40대가 11명으로 55%, 50대가 9명으로 45%에 해당하였고, 30대와 60대는 없는 것으로 나타났다. 최종학력별로는 대학원 졸업 이상이 12명으로 60%, 대학교 졸업이 8명으로 40%에 해당하였으며, 전문대 졸업은 없는 것으로 분석되었다.

● 인구통계학적 특성에 따른 분류

항목		부수 및 비율	항목		부수 및 비율	항목		부수 및 비율
성별	남성	14부 (70%)	연령	40대	11부 (55%)	최종학력	대졸	8부 (40%)
	여성	6부 (30%)		50대	9부 (45%)		석사이상	12부 (60%)
	계	20부 (100%)		계	20부 (100%)		계	20부 (100%)

분석 결과

UBRC 도입 가능 캠퍼스가 보유한 고령 친화 요소인 노인 친화 학과, 노인 친화 프로그램, 노인 관련 연구소, 대학 부설 병원에 대한 상대적 중요도를 분석한 결과는 다음 표와 같다.

전체 응답자를 대상으로 분석한 결과, 대학 부설 병원의 중요도가 0.471로 가장 높았으며, 그 다음으로는 노인 친화 프로그램의 중요도가 0.238로 나타났다. 노인 친화학과와 노인 관련 연구소의 중요도는 각각 0.145와 0.146으로 거의 비슷한 수준을 보였다. AHP 설문에 참여한 응답자들은 고령 친화 요소들 중에서 대학 부설 병원의 존재를 가장 중요하게 생각하는 것으로 분석되었는데, 이는 대학 캠퍼스 내에 노인을 대상으로 한 주거시설을 도입할 때 대학 부설 병원과 같은 대형 의료시설의 보유가 큰 장점으로 작용한다는 것을 시사한다.

그룹별로 살펴보면, 전문가 그룹 모두 대학 부설 병원의 상대적 중요도를 가장 높게 평가하였다. 교수 그룹을 제외한 다른 그룹들은 노인 친화 프로그램의 상대적 중요도를 두 번째로 높게 인식하고, 노인 친화학과의 중요도를 가장 낮게 인식하였다. 반면, 교수 그룹은 노인 친화학과의 상대적 중요도를 두 번째로 높게 평가하여, 학과를 통한 관련 인재 양성의 중요성을 다른 요소들에 비해 더 높게 판단하는 직업적 가치가 투영된 결과로 사료된다.

● 고령 친화 요소의 상대적 중요도 분석 결과

구분	전체 응답자		교수		시설 종사자		금융 전문가		시행·시공		대학 종사자	
	중요도	순위	중요도	순위	중요도	순위	중요도	순위	중요도	순위	중요도	순위
노인 친화 학과	0.145	4	0.215	2	0.117	4	0.116	4	0.137	4	0.155	4
노인 친화 프로 그램	0.238	2	0.191	3	0.265	2	0.267	2	0.200	2	0.265	2
노인 관련 연구 소	0.146	3	0.126	4	0.135	3	0.125	3	0.148	3	0.197	3
대학 부설 병원	0.471	1	0.468	1	0.483	1	0.491	1	0.515	1	0.383	1

시행 또는 시공사 그룹에서는 대학 부설 병원의 가중치가 다른 그룹들과 비교하여 가장 높게 나타났는데, 이는 투입 대비 효용을 극대화하여 자본이득을 취하고자 하는 업의 특성상 향후 UBRC를 구축하여 분양할 때 대학 부설 병원의 존재가 큰 강점으로 작용할 것으로 판단한 결과로 보인다. 대학 사무직 종사자 그룹의 경우, 대학 부설 병원의 상대적 중요도는 1순위였으나 가중치는 다른 그룹들에 비해 상대적으로 낮았고, 노인 관련 연구소의 가중치가 상대적으로 높았다. 이는 대학 내 노인 관련 연구소의 역할을 다른 그룹보다 중요하게 평가하는 것으로 판단한다.

대학 부설 병원 보유 캠퍼스

　　고령 친화 요소의 상대적 중요도 분석 결과, 전문가 집단은 대학 부설 병원 요소를 가장 중요하다고 판단하였다. UBRC 도입 가능 캠퍼스 중 대학 부설 병원을 보유한 캠퍼스, 즉 대학 자체에 부속 병원을 갖고 있는 대학이나 대학 근처에 상급종합병원 또는 종합병원과 같은 규모가 큰 병원이 있는 곳은 총 32곳으로 조사되었다.

　　대학 캠퍼스에 (상급)종합병원이 교내 또는 인접해 있거나, (상급)종합병원에서 대학 캠퍼스까지 차로 5분 이내 거리에 해당하는 캠퍼스를 선정하였다.[20]

대학 캠퍼스별 대학 부설 병원명 및 거리

지역	캠퍼스	설립	병원	
			병원명	거리
부산 서구	고신대학교 송도캠퍼스	사립	고신대학교 복음병원	교내
부산	동서대학교	사립	인제대학교 부산백병원	627 m (차로 2분)
부산	동의대학교 양정캠퍼스	사립	동의병원	교내
부산	동의과학대학교	사립	동의병원	1.2 km (차로 3분)
부산	부산여자대학교	사립	동의병원	764 m (차로 1~2분)
대구 남구	계명대학교 대명캠퍼스	사립	영남대학교병원	1.1 km (차로 3분)
대구	계명대학교 성서캠퍼스	사립	계명대학교 동산병원	교내

20) 네이버 지도에서 병원과 대학의 자동차 길찾기를 이용하여 측정

지역	캠퍼스	설립	병원	
			병원명	거리
대구 남구	대구가톨릭대학교 루가캠퍼스	사립	대구가톨릭 대학병원	교내
대구 남구	대구교육대학교	사립	영남대학교병원	817 m (차로 2분)
대구 남구	영남대학교 대구캠퍼스	사립	영남대학교병원	교내
대구 남구	영남이공대학교	사립	영남대학교병원	인접
광주	조선대학교	사립	조선대학교병원	교내
경기	가천대학교 글로벌캠퍼스	사립	성남정병원	1.4 m (치로 3분)
경기	가톨릭대학교	사립	가톨릭대학교 부천성모병원	1 km (차로 3분)
경기	부천대학교	사립	뉴대성병원	1 km (차로 3분)
경기	서울신학대학교	사립	부천세종병원	인접
경기	아주대학교	사립	아주대학교병원	교내
경기	을지대학교 의정부캠퍼스	사립	의정부 을지대학교병원	교내
경기	평택대학교	사립	굿모닝병원	1.3 km (차로 4분)
경기	한국공학대학교	사립	센트럴병원	821 m (차로 1~2분)
강원	한림대학교	사립	한림대학교 춘천성심병원	교내
강원	강원대학교 춘천캠퍼스	국립	강원대학교병원	교내
충북	충북대학교	국립	충북대학교병원	교내

지역	캠퍼스	설립	병원	
			병원명	거리
충남	단국대학교	사립	단국대학교병원	교내
전북	원광대학교	사립	원광대학교병원	교내
전북	전북대학교	국립	전북대학교병원	교내
전남	순천대학교	국립	전라남도 순천의료원	1.4 km (차로 3분)
경북	동국대학교	사립	동국대학교 경주병원	교내
경남	경남대학교	사립	에스엠지 연세병원	994 m (차로 3분)
경남	경상국립대학교 칠암캠퍼스	국립	경상국립대학교 병원	교내
경남	부산대학교 양산캠퍼스	국립	양산부산대학교 병원	교내
경남	국립창원대학교	국립	창원한마음병원	인접

대학 캠퍼스와 병원 거리 교내(왼쪽)와 인접 예시

출처: 네이버 지도

노인 시설 성공 여부는 의료서비스의 질과 이용성, 접근성 등의 보장에 달려있고, 이는 기존 실버타운이 의료시설을 기반으로 한다는 사실을 통해 알 수 있다(김명식 외, 2022). UBRC가 캠퍼스 근처 또는 캠퍼스 내에 있는 것을 전제로 종합병원 이상의 규모가 큰 병원이 근접해 있는 것은 노화로 인한 질병 치료나 사고에 의한 응급상황에 빠른 대처가 용이하므로 노인 주거시설의 핵심 사항이라 할 수 있다.

대학 캠퍼스별 대학 부설 병원명 및 거리 table에 제시된 대학 캠퍼스들은 고령 친화 요소 중 전문가 집단이 가장 중요하다고 판단한 대학 부설 병원을 갖추고 있어 UBRC 도입에 큰 강점이 있다. 특히, 인구감소지역으로 지정된 곳에 위치한 대학 캠퍼스들 중에서 대학 부설 병원 요소를 보유한 곳들[21]은 UBRC 도입을 적극적으로 검토할 만한 가치가 있다고 판단한다. 이는 정부가 2015년 폐지된 분양형 노인복지주택을 인구감소지역(89개소)에 한하여 재도입을 허용함으로써 민간부문의 공급을 활성화하고자 하는 정책적 방향과 부합하기 때문이다. 중앙정부의 정책 및 재정 지원을 바탕으로 지역 특성에 기반한 지자체와 지방대학 간의 거버넌스가 구축되고 양측의 의지가 합치된다면, UBRC는 대학 자체는 물론 지역 발전에 기여할 수 있는 시설로 자리매김이 가능할 것이다.

---

21) 대학 캠퍼스별 대학 부설 병원명 및 거리 table에 색으로 표시

공저자 김세율 박사학위 논문 바로가기

고령 친화 요소를 보유한 UBRC 도입 가능 캠퍼스와 그 외의 대학 캠퍼스들의 특성 차이를 확인하기 위하여 UBRC 도입 가능 캠퍼스 여부에 미치는 영향 요인에 대해 연구하였다.[22] UBRC를 도입할 가능성이 있는 대학 캠퍼스들에 영향을 미치는 특성 요인을 파악하여 UBRC 도입을 위한 의사결정에 도움이 될 결과를 제시하기 위함이다.

● 자료 구축 및 변수 정의

자료 구축

본 연구는 2022년 기준 공시대상 대학 413개 중에 고등교육법에 근거하여 설립된 대학 중 서울 소재 대학을 제외한 전 지역의 대학을 대상으로 한다. 캠퍼스가 있는 경우 본교 및 캠퍼스를 각각 반영하고, 전문대학 중 특정 인재 양성과 같은 설립 목적과 취지가 분명한 한국 골프대학 등은 제외하여 캠퍼스 336곳을 연구대상으로 하였다(**캠퍼스 현황** table 참고). 연구에 사용된 전체 데이터는 캠퍼스 자체별 자료와 캠퍼스가 입지해 있는 시군구 지역의 거시 자료를 사용하여 새롭게 가공 및 구축하였다.

---

22) 공저자 김세율의 박사학위 논문 일부 발췌

캠퍼스 자체별 자료는 대학알리미와 교육통계서비스 등을 통해 구득하였다. 대학알리미에서 제공하는 공시대상 대학 목록과 대학별 공시정보를 활용하였는데, 대학알리미에서 제공하는 공시정보는 크게 학생, 교육여건, 교육연구 성과, 대학재정 및 교육비, 대학운영 항목으로 구분된다. 학생 항목에서 제공되는 학생 수 현황(입학생, 재학생 등), 학생 충원 현황 등의 데이터를, 교육여건 항목에서는 교지 확보 및 교사시설 확보 현황 데이터를, 대학운영 항목에서는 직원 현황 등의 데이터를 이용하였다. 교육통계서비스에서 제공하는 학교/학과별 데이터셋을 통해 교원 수를 구득하여 데이터에 반영하였다.

캠퍼스가 입지해 있는 시군구별 거시 자료는 각 시·군·구청 홈페이지, 통계청과 행정안전부 및 보건복지부 홈페이지 등에서 구득하였고, 대형병원의 캠퍼스 인접 여부는 네이버지도와 보건의료빅데이터개방시스템을 함께 활용하였다.

변수 정의

본 연구는 고령 친화도가 높은 대학일수록 UBRC 도입 가능성이 높다는 전제하에 캠퍼스를 둘러싼 특성 요인들이 대학 캠퍼스들의 고령 친화도에 미치는 영향을 분석하여 UBRC 도입 가능성을 파악하기 위함이다.

종속변수

전체 연구대상을 UBRC 도입 가능 캠퍼스에 해당되는지 여부로 분류하여 종속변수로 설정하였다. UBRC 도입 가능 캠퍼스는 4가지 고령 친화 요소인 노인 친화학과, 노인 친화 프로그램, 노인 관련 연구소, 대학 부설 병원 중 한 요소 이상을 포함하는 캠퍼스로, 고령 친화 요소를 포함하는 캠퍼스이면 1로, 아니면 0으로 코딩하였다.

독립변수

　UBRC 도입이 가능하다는 것은 UBRC를 도입할 여건이 된다는 의미이고, 그 여건은 크게 캠퍼스 자체 요소와 캠퍼스가 입지한 요소로 구분할 수 있다. 이에, 독립변수는 캠퍼스 부동산 특성, 캠퍼스 운영 특성, 캠퍼스 입지 특성으로 구분하여 15개의 변수로 구성한다.

　캠퍼스 부동산 특성은 캠퍼스가 자체적으로 보유하고 있는 부동산 요소를 의미하며, 보유면적, 교사시설 확보율, 미사용 토지 비율로 구성하였다. 보유면적은 캠퍼스의 크기 및 규모를 의미하는 것으로, 자연로그를 취한 값을 분석에 사용하였다. 보유면적이 클수록 대학 부지의 다양한 활용을 고려할 수 있어 변수로 선정하였다. 김미희(2015)는 한국의 지방대학을 중심으로 UBRC 개발 가능성 탐색을 위해 대학 당국에 학교 부지 제공 또는 자금투자 의사 여부 등에 대해 조사할 필요가 있다고 하였다.

　대학은 교육기본시설(강의실, 실험 실습실, 교수연구실, 체육관 등), 지원시설(강당, 학생기숙사 등), 연구시설(연구용 실험실, 대학원 연구실 등), 부속시설(박물관, 산학협력단 시설 등)을 보유한다. 이렇게 보유한 대학 시설을 교사시설이라고 하고, 법적으로 보유해야 하는 시설을 기준으로 대학이 교육기본시설, 지원시설, 연구시설을 어느 정도 확보하고 있는지 보여주는 비율이 교사시설 확보율이다.[23] 교사시설 확보율은 기준 면적 대비 보유면적 비율로, 대학은 학생들에게 최적의 교육환경을 제공하기 위해 계열별 특성을 고려한 기준에 따라 충분한 교사를 확보하여야 한다.[24]

---

23) 대학알리미 정보공시 용어사전
24) 한국사학진흥재단, 2022년 대학 재정분석보고서

대학 캠퍼스들의 미사용 토지 비율은 전체 교육용 토지 중 미사용 토지 비율을 의미하는데, 미사용 토지 비율이 높을수록 수익용으로의 대지 활용이 기대되므로 변수로 반영하여 영향을 미치는지 확인하고자 한다. 대학 캠퍼스와 노인주거시설의 접근성을 고려할 필요가 있다는 선행연구에 따라(Carle, 2006; 김미희, 2015; 임하라·김석경, 2022) 보유면적, 교사시설 확보율, 미사용 토지 비율 변수를 설정하여 캠퍼스 내 활용 가능성을 파악하고자 한다.

캠퍼스 운영 특성으로 대학 설립 유형(사립 더미), 재학생 규모(5천 명 이상 더미), 입학생 증가율, 재학생 충원율, 교직원 수로 선정하였다. 대학 설립 유형은 사립과 국·공립으로 구분되는데 어떤 설립 유형이 종속변수에 영향을 미치는지 확인하고자 한다. 재학생 규모(5천 명 이상 더미)는 캠퍼스 규모를 가늠할 수 있는 변수로, 재학생 수가 5천 명 이상인 캠퍼스는 1, 5천 명 미만인 캠퍼스는 0으로 코딩하였다.

입학생 증가율은 2020년 입학생 수 대비 2022년의 입학생 수의 증가율로 구축하였는데, 입학생 증가율이 양의 값이면 2020년보다 2022년에 입학생이 많이 들어왔다는 의미이다. 입학생 수는 등록금 수입과 직결되므로 입학생 증가율을 통해 대학 재정 상황의 간접적 파악이 가능하므로 변수로 반영하여 확인하고자 한다. (정원 내) 재학생 충원율은 대학의 인적자원 중 학생 자원의 획득 정도를 나타내는 지표로, 2022년 (정원 내) 학생정원에서 학생모집 정지인원을 차감한 수 대비 (정원 내) 재학생 수의 비율로 산출하였다. 교직원 수는 전임교원과 직원 수의 합으로 구성하였다. Carle(2006)이 UBRC의 설립 및 운영 조건으로 명시했던 5가지 조건 중 다섯 번째인 대학과 관련 있는 사람의 비율을 교직원 수 변수로 반영하였다. 교직원들은 퇴직 이후에도 학교 근처에 거주할 확률이 높고, UBRC 도입이 될 경우 교직원들이 거주 의사를 밝힌 비율 역시 높다는 김미희·김석경 (2015b)의 연구 결과는 변수 설정의 근거가 된다.

캠퍼스 입지 특성 변수는 캠퍼스가 위치한 지역의 상황을 나타내는 변수로, 전체 인구수, 초고령사회 지역 더미, 노령화지수, 노인 중 85세 이상 인구 비율, 인구감소지역 여부, 노인복지시설 수, 대형병원 인접 여부로 설정하였다. 캠퍼스의 입지는 시도가 아닌 더 작은 범위의 시군구별로 조사하였고, 그에 따른 지역 특성 변수 역시 시군구별로 반영하여 지역의 세부적 고령화 특성을 반영할 수 있도록 하였다.

2022년 10월 기준으로 시군구별로 전체 인구수와 노인 인구수를 조사하여 노인 비율을 산출하고 노인인구 비율이 20% 이상인 지역을 초고령사회 지역으로 설정하였다. 노령화지수가 높을수록 유소년 인구 대비 노인 비율이 높아 지역의 활력 감소로 이어진다. 노인 중 85세 이상 인구 비율은 지역 내 65세 이상 노인 인구수 대비 85세 이상 인구수의 비율로, 이 비율을 통해 노인인구의 보다 구체적인 인구 구조 변화를 파악할 수 있고 지역의 심화된 고령화 정도를 살펴보기 위해 변수로 반영하였다.

인구감소지역 더미는 행안부에서 인구감소지역으로 지정한 지역이면 1, 아니면 0으로 설정하여 종속변수에 영향을 미치는지 확인하고자 하였다. 노인복지시설 수는 지역 내 노인인구 천 명당 시설 수를 반영하여 시설 공급의 지역 간 격차가 종속변수에 미치는 영향에 대해 살펴보았다. 대형병원 인접 여부는 캠퍼스 가운데를 중심으로 반경 1.5km 내에 상급종합병원 또는 종합병원이 있는지 네이버지도와 보건의료빅데이터개방시스템을 확인하여 반영하였다.

실증분석에 사용된 변수를 정리한 표는 다음과 같다.

● 변수 정의

구분		변수명	단위	변수 설명
종속변수		UBRC 도입 가능 캠퍼스 여부	더미	UBRC 도입 가능 캠퍼스=1, 그 외=0
독립변수	캠퍼스 물리적 특성	보유면적		ln(캠퍼스 전체 면적)
		교사시설 확보율	%	대학이 교육기본·지원·연구시설을 어느 정도 확보하고 있는지의 비율 (2022년도 기준)
		미사용 토지 비율	%	전체 교육용 토지 중 사용하지 않는 토지 비율 (2022년도 기준)
	캠퍼스 운영 특성	설립 유형	더미	사립=1, 국·공립=0
		재학생 규모	더미	재학생 수가 5천 명 이상=1, 그 외=0
		입학생 증가율	%	20년 입학생 수 대비 22년 입학생 수의 증가율
		재학생 충원율	%	22년 {(정원 내) 재학생 수 ÷ (학생 정원 – 학생 모집 정지인원)} × 100
		교직원 수	백 명	전임교원과 직원 수의 합
	캠퍼스 입지 특성	전체 인구수	십만 명	시군구별 전체 인구수
		초고령사회 지역	더미	시군구별 노인인구 비율이 20 % 이상인 지역=1, 그 외=0
		노령화지수	%	(65세 이상 인구수 ÷ 15세 미만 인구수) × 100
		노인 중 85세 이상 인구 비율	%	(85세 이상 인구수 ÷ 65세 이상 인구수) × 100
		인구감소지역	더미	인구감소지역으로 지정=1, 미지정=0
		노인복지시설 수	개소/천 명	시군구별 노인인구 천 명당 노인복지시설 수
		대형병원 인접 여부	더미	상급종합병원 또는 종합병원 유=1, 무=0

기술 통계

기초통계분석

본 연구의 전체 표본은 336개이며, 연속형 변수들에 대한 기초 통계는 다음 표와 같다.

● 기초통계분석

변수명		N	최솟값	최댓값	평균	표준편차
캠퍼스 물리적 특성	보유면적	336	895.0	2,622,180.0	296,752.29	361,047.03
	교사시설 확보율	336	0	8,439.8	273.43	557.69
	미사용 토지 비율	336	0	93.53	9.78	18.93
캠퍼스 운영 특성	입학생 증가율	336	-65.79	184.21	0.44	19.21
	재학생 충원율	336	0	119.0	84.39	19.19
	교직원 수	336	4	2,435	314.22	383.18
캠퍼스 입지 특성	전체 인구수	336	26,498	904,267	283,594	170,428
	노령화지수	336	49.70	617.30	170.40	93.80
	노인 중 85세 이상 인구 비율	336	5.4	17.0	10.61	1.84
	노인복지시설 수	336	2.02	49.3	13.04	8.87

물리적 특성 변수부터 살펴보면, 캠퍼스별 보유면적은 평균 296,752.29 ㎡이고, 최소 895.0 ㎡에서 최대 2,622,180.00 ㎡까지 분포하는 것으로 나타났다. 교사시설 확보율은 평균 273.43%이고, 최대 8,439.8%로 캠퍼스별로 편차가 크게 나타나는 것을 확인할 수 있고,

미사용 토지 비율 역시 최소 0%에서 최대 93.53%로 나타나 캠퍼스별로 차이가 큰 것을 알 수 있다.

운영 특성 변수에서 입학생 증가율은 최소 −65.79%에서 최대 184.21%, 평균은 0.44%로 조사되어 20년에 비해 22년도에 입학생 수가 거의 증가하지 않았음을 알 수 있다. 재학생 충원율은 최소 0%에서 최대 119%까지 그 차가 크고, 평균은 84.39%로 분석되었다. 교직원 수의 평균은 약 314명, 최대 2,435명으로 나타났다.

입지 특성 변수를 보면, 전체 인구수는 최소 26,498명에서 최대 904,267명으로 지역별 인구수 격차가 심하다는 것을 알 수 있다. 노령화지수는 최소 49.7%에서 최대 617.3%, 평균 170.40%로 유소년 인구수 대비 65세 이상 인구 비중이 훨씬 큰 것으로 나타났다. 노인 중 85세 이상 인구 비율은 최소 5.4%에서 최대 17.0%로 초고령인구 비율의 격차가 지역별로 심하며, (노인인구 천 명당) 노인복지시설 수역시 평균 13개소, 최소 2개에서 최대 49개로 노인복지시설의 지역별 편차가 큰 것을 알 수 있다.

빈도분석

이산형 변수들에 대한 빈도분석을 실시하였다.

종속변수인 UBRC 도입 가능 캠퍼스 여부에서 고령 친화 요소를 보유한 UBRC 도입 가능 캠퍼스는 모두 73개로 21.7%의 비중을, 해당하지 않는 캠퍼스는 263개로 78.3%의 비중을 차지하였다.

운영 특성 변수를 살펴보면, 캠퍼스 설립 유형 중 사립이 84.5%의 비중을 차지하고, 재학생 규모에서는 재학생 수가 5천 명 미만인 캠퍼스가 67.9%의 비중인 것으로 나타났다.

입지 특성 변수를 보면, 노인인구 비율이 20% 이상인 초고령사회 지역에 입지한 캠퍼스 비중은 37.5%이고, 인구감소지역으로 지정된 곳에 위치한 캠퍼스 비중은 14.6%인 것을 알 수 있다. 캠퍼스의 인접한 곳에 대형병원이 있는 비율은 41.1%, 대형병원이 없는 비율은 58.9%로, 캠퍼스 근처에 대형병원이 없는 경우가 더 많음을 확인할 수 있다.

● 빈도분석

변수명		구분	빈도	비율 (%)
종속변수	UBRC 도입 가능 캠퍼스 여부	해당	73	21.7
		미해당	263	78.3
독립변수	캠퍼스 운영 특성 — 설립 유형	사립	284	84.5
		국·공립	52	15.5
	재학생 규모	재학생 수 ≥ 5천 명	108	32.1
		재학생 수 < 5천 명	228	67.9
	캠퍼스 입지 특성 — 초고령사회 지역	해당	126	37.5
		미해당	210	62.5
	인구감소지역	지정	49	14.6
		미지정	287	85.4
	대형병원 인접 여부	인접하고 있음	138	41.1
		인접하지 않음	198	58.9

실증분석 결과

본 연구에서는 고령 친화 요소를 보유한 UBRC 도입 가능 캠퍼스와 그 외의 대학들의 특성 차이를 확인하기 위해 로지스틱 회귀분석을 사용하여 분석을 진행하였다.

종속변수는 UBRC 도입 가능 캠퍼스 여부, 독립변수는 캠퍼스 물리적 특성인 보유면적, 교사시설 확보율, 미사용 토지 비율 변수를, 캠퍼스 운영 특성인 설립 유형(사립 더미), 재학생 규모(5천 명 이상 더미), 입학생 증가율, 재학생 충원율, 교직원 수 변수를, 캠퍼스 입지 특성인 전체 인구수, 초고령사회 지역 더미, 노령화지수, 노인 중 85세 이상 인구 비율, 인구감소지역 지정 더미, (노인인구 천 명당) 노인복지시설 수, 대형병원 인접 여부 더미 변수를 설정하고, IBM SPSS Statistics v.29를 활용하여 로지스틱 회귀분석을 실시하였다.

실증분석 결과, 캠퍼스 물리적 특성에서는 보유면적이, 캠퍼스 운영 특성에서는 설립유형(사립 더미), 재학생 규모(5천 명 이상 더미), 입학생 증가율, 교직원 수 변수가, 캠퍼스 입지 특성 변수에서는 전체 인구수, 초고령사회 지역 더미, 대형병원 인접 여부 더미 변수가 종속변수에 유의한 것으로 나타났다.

보유면적이 넓은 캠퍼스일수록, 사립대학일수록, 적정 규모 이상의 재학생을 보유한 학교일수록, 교직원 수가 많은 캠퍼스일수록 UBRC 도입 가능 캠퍼스에 속할 확률이 높은 것으로 나타났고 이들 캠퍼스는 입학생 감소를 보이는 것으로 분석되었다. 또한, 전체 인구수가 많은 지역에 위치한 캠퍼스일수록, 65세 이상 노인 비율이 20% 이상인 지역에 위치한 캠퍼스일수록, 대형병원에 인접해 있는 캠퍼스일수록 UBRC 도입 가능 캠퍼스에 속할 확률이 높아지는 것으로 나타났다.

분석 결과를 종합하면, 캠퍼스의 보유면적이 넓을수록 UBRC 도입을 위한 부지 활용이 기대되고, 사립대학일수록 UBRC 도입을 위한 빠른 의사결정이 가능하다. 입학생의 감소는 대학 재정 확보를 위해 UBRC 도입을 고려할 유인이 되고, 교직원수가 많은 캠퍼스일수록 UBRC 도입 시 교직원들은 잠재 수요자가 될 수 있다. 또한 전체 인구수가 많은 지역은 인프라 조성 및 교통시설 확충이 양호하여 전체 인구수가 많은 지역에 위치한 대학이 UBRC를 도입할 경우 가족·지인들의 접근성이 높아질 수 있어 이점이다. 고령화가 심화된 지역에 위치한 대학일수록 UBRC 도입 시 안정적으로 수요를 확보할 수 있다고 판단한다. 캠퍼스 안이나 근접한 위치에 대형병원이 있는 대학일수록 노인 주거시설 고려 시 환경적 우위에 있는 강점 요소이다. 이와 같은 결과는 고령 친화 요소를 보유한 UBRC 도입 가능 캠퍼스에 속하는 대학들이 UBRC 도입을 위한 성숙된 여건을 갖추고 있음을 보여준다.

지방대학의 위기는 질적·양적 측면의 여러 형태로 나타나고 있으며, 특히 신입생 미충원 문제가 심화되고 있다. 지방대학들의 신입생 충원율이 서울 소재 대학에 비해 현저히 낮다는 점이 이를 잘 보여준다. 대학의 등록금 수입은 입학생 수에 따라 결정되며, 이는 대학 재정과 직결되기 때문에 미충원이 가속화될수록 지방대학이 서울 소재 대학들보다 훨씬 심각한 재정 위기를 겪게 된다. 더불어 최저 출산율로 인한 학령인구 감소로 대학 입학 가능 자원이 줄어들면서 재정적 한계에 직면하는 대학들은 계속 늘어날 것이다.

고령인구 비율은 어떠한가. 지방 권역이 서울에 비해 고령인구 비율은 상당히 높은 편이고, 지방의 고령화는 계속 심화될 전망이다. 고령인구 비율이 높아지면 노동 가능 인구가 줄어 지역 경제의 침체가 가속화되고, 젊은 인구가 도시로 유출되면서 지방 인구 감소는 물론, 지방소멸의 위기까지 이어질 수 있다.

　지방대학의 위기를 타개하고 지역사회에 새로운 활력을 불어넣을 방안을 모색해야 할 필요성이 대두되는 시점이다. 수행된 연구는 그 방안 중 하나로 지방대학들의 UBRC 도입을 제안하는 것을 목적으로 한다. UBRC는 늘어나는 고령인구를 새로운 교육 수요로 흡수하고 전환함으로써 지방대학의 재정 위기를 극복하는 데 기여할 수 있으며, 이를 통해 지방대학의 지속 가능성이 확보되고, 지역사회의 안정적인 발전이 가능해질 것이다.

　본 연구를 통해 대학 캠퍼스들이 내부 여건과 주변 환경을 토대로 수익 다각화 및 지역사회 기여 방안으로 UBRC 도입을 적극 고려하고, 의사결정을 더욱 수월하게 할 수 있기를 기대한다. 아울러, 이 연구가 대학연계형 노인 주거시설 설립을 위한 기초 자료로 활용되길 바란다.

📖 참고문헌

강성현, 이해정 (2024). 세계 인구구조 분석 −UN의 '2024년 세계인구전 망 보고서'를 중심으로−. 현대경제연구원.

곽인숙 (2001). 미국의 연속 보호은퇴주거단지의 특성에 관한 연구. 대한가정학회지, 39(12), 91−106.

김명식, 김륜희, 최민찬, 박윤재, 박기태, 김진일 (2022). 초고령사회 선제적 대응을 위한 한국판 은퇴자복합단지(K−CCRC) 조성에 관한 기초연구. 한국토지주택공사 토지주택연구원.

김미희 (2015). 한국의 대학기반 연속보호체계형 노인주거환경(UBRCs) 의 개발 및 계획을 위한 탐색적 연구: 미국 중서부지역 사례를 중심으로. 한국주거학회논문집, 26(1), 119−128.

김미희, 김석경 (2015a). 대학연계형 은퇴주거단지의 계획 및 운영상의 특성분석 연구: 미국의 사례를 중심으로. 한국주거학회논문집, 26(4), 119−127.

김미희, 김석경 (2015b). 대학 연계형 은퇴주거단지의 건축적 특성과 개발전략에 대한 잠재 수요자의 의견 분석. 한국주거학회논문집, 26(6), 181−190.

김성재, 조일형, 신탐내, 장우석 (2019). 친고령산업 특성화대학원 운영 효율화 방안 연구: 전문가 육성방안을 중심으로. 한국보건산업진흥원.

김세율 (2023). 노인주거단지의 특성 연구: CCRC와 UBRC의 개념을 중심으로. 건국대학교 박사학위논문.

보건복지부 (2020). 2020 사회복지시설 관리안내.

보건복지부 (2023). 2024 노인복지시설 현황.

송준호 (2013). 커뮤니티연계를 고려한 도시형 노인복지주택의 계획방향에 관한 연구. 서울대학교 박사학위논문.

서연미, 하수정, 김민지, 이종표, 이길재, 이종호, 채창균, 허동숙, 조성호, 진화영, 문승현 (2023). 지역인구 감소시대, 지역과 대학의 결합 모델에 관한 연구. 경제·인문사회연구회, 국토연구원 협동연구총서 23-02-01.

신혜리, 손의성, 황정하, 정지웅, 양승민, 임진섭 (2018). 고령친화대학 운영을 위한 뉴욕시 칼리지 링크 사례분석 연구. 지역사회연구, 26(1), 1-24.

안은희 (2013). 노인 삶의 질 향상을 위한 주거시설개발에 관한 연구. 대한건축학회 논문집-계획계, 29(8), 87-94.

오형석, 백민석 (2017). 시설분석을 통한 고령친화형 유료노인복지주택 개발동향에 관한 연구. 대한부동산학회지, 46, 283-304.

우경진, 전영미 (2020). 평생교육기관으로서의 대학연계 은퇴자 커뮤니티에 대한 수요자 인식 조사. 열린교육연구, 28(2), 91-113.

윤태영, 송성민 (2022). 우리나라 노인주거복지시설의 문제점과 일본 '서비스 지원형 고령자 주택'의 정책 및 계약 분석. 토지법학, 38(2), 285-313.

임정기, 홍세영 (2019). 지역사회 돌봄 체계 구축을 위한 대안적 모델 연구: 대학연계형 은퇴자 공동체 프로그램. 노인복지연구, 74(2), 219-253.

임진섭, 손의성, 황정하, 신혜리, 양승민, 정지웅 (2017). 해외 고령친화대학 운영 사례분석을 통한 사회복지정책적 함의: 아일랜드 더블린시(市)의 사례를 중심으로. 노인복지연구, 72(3), 9-45.

임진섭, 정형선, 진영란, 오영삼, 서은주, 김명일, 박명배 (2020). 지역대학을 활용한 커뮤니티 케어 정책의 적용 가능성에 관한 소고(小考): 해외대학의 사례를 중심으로. 공공정책연구, 37(2), 55-90.

임하라, 김석경 (2022). 대학기반 은퇴주거단지의 질적 환경 특성 분석 연구: 웰 빌딩 인증 프로그램을 기반으로. 한국주거학회논문집, 33(2), 65-78.

임형빈, 차정우 (2020). 충남형 고령친화마을 모델 개발 방향. 충남연구원. 전략연구 2020-06.

이관용 (2007). 노인건축: 한국과 미국을 중심으로. 서울: 세진사.

이순자, 정홍원 (2016). 고령화시대 지역단위 노인복지시설의 효과적 공급방안 연구: 지역행복생활권을 중심으로. 국토연구원, 수시 16-31.

정복임 (2021). 대학부설 평생교육원 운영현황 사례분석에 기반한 운영 혁신방안 연구. 평생교육학연구, 27(4), 73-100.

조수지 (2014). 우리나라 연속보호체계형(CCRC) 노인주거시설의 공간구성 방식에 관한 연구. 경기대학교 석사학위논문.

최손환 (2022). 평생교육 시대에 따른 대학의 역할 변화. The Journal of the Convergence on Culture Technology (JCCT), 8(1), 299-306.

황경란, 김정근, 이미영, 김나연 (2015). 지역사회중심의 노인주거보호체계 연구 -미국사례중심-. 경기복지재단, GGWF REPORT 2015-28.

서용구 (2024.05.05.). 한국 지속가능 내수경제 그랜드제네레이션 손에 달렸다.

Carle, A. (2006). University-based retirement communities: Criteria for success. *Nursing Homes: Long Term Care Management*, *55*(9), 48-51.

Clark, P. G., & Leedahl, S. N. (2019). Becoming and being an Age-Friendly University (AFU): Strategic considerations and practical implications. *Gerontology & Geriatrics Education*, *40*(2), 166-178.

Demirciftci, T., Mathwich, B., & DeMicco, F. (2024). Research, Planning, and Development of a University-Based Retirement

Community (UBRC): A Strategic Lodging Opportunity. *ICHRIE Research Reports*, *9*(1), 1.

Helsabeck, C. B., & Ritchey, D. B. (2004). University—affiliated retirement development: a resource for universities (Doctoral dissertation, Massachusetts Institute of Technology).

Hou, S. I., & Cao, X. (2021). Promising aging in community models in the US: village, naturally occurring retirement community (NORC), cohousing, and university—based retirement community (UBRC). *Gerontology and Geriatric Medicine*, *7*, 23337214211015451.

Hu, S. M., Wei C. I., Schlasis, M. R., & Yeh, J. M. (2008). The potential of a college town as a retirement community. *Journal of Housing for the Elderly*, *22*(1—2), 45—65.

Lim, J. S., Park, M. B., O'Kelly, C. H., Knopf, R. C., & Talmage, C. A. (2023). A tool for developing guidelines for institutional policy: a 60 indicator inventory for assessing the age—friendliness of a university. *Educational Gerontology*, *49*(3), 214—227.

Luz, C., & Baldwin, R. (2019). Pursuing Age—Friendly University (AFU) principles at a major university: Lessons in grassroots organizing. *Gerontology & Geriatrics Education*, *40*(3), 290—306.

Maxfield, M., Beagley, L., Peckham, A., Guest, M. A., Giasson, H. L., Byrd, D. R., ⋯ Coon, D. W. (2023). Mirabella at Arizona State University: A Case Example in Innovation at a University—Based Retirement Community. *Journal of Aging and Environment*, *38*(3), 193—212.

Montepare, J. M., Farah, K. S., Doyle, A., & Dixon, J. (2019). Becoming an Age—Friendly University (AFU): Integrating a retirement community on campus. *Gerontology and Geriatrics Education*, *40*(2), 179—193.

Morgenroth, L., & Hanley, M. (2015). On Campus and in the

Community: How Higher Education Can Inform Seniors Housing Models. *Seniors Housing & Care Journal, 23*(1), 70-75.

Talmage, C. A., Mark, R., Slowey, M., & Knopf, R. C. (2016). Age Friendly Universities and engagement with older adults: moving from principles to practice. *International Journal of Lifelong Education, 35*(5), 537-554.

小谷みどり. (2017). 「シェア金沢」 に学ぶ多世代共生コミュニティ. *Life design report＝ ライフデザインレポート*, (223), 31-36.

高尾, & 真紀子. (2018). 日本版 CCRC の課題と可能性: ゆいま～ るシリーズを事例として.

高橋昌子, & タカハシマサコ. (2016). 元気高齢者が生き生きと暮らせる住まい方: 日本版 CCRC の事例より. *神戸親和女子大学福祉臨床学科紀要*, (13), 7-14.

内閣官房まち·ひと·しごと創生本部事務局. (2016). 「生涯活躍のまち」構想に関する手引き (第3版).

松田智生. (2017). 日本版CCRCがわかる本: ピンチをチャンスに変える生涯活躍のまち. 法研.

✎ 찾아보기

고령친화 주거단지(CCRC · UBRC)

초판발행	2025년 3월 1일
지은이	유선종 · 김세율
펴낸이	안종만 · 안상준
편 집	조영은
기획/마케팅	노 현
표지디자인	BEN STORY
제 작	고철민 · 김원표
펴낸곳	(주) 박영사
	서울특별시 금천구 가산디지털2로 53, 210호(가산동, 한라시그마밸리)
	등록 1959. 3. 11. 제300-1959-1호(倫)
전 화	02)733-6771
f a x	02)736-4818
e-mail	pys@pybook.co.kr
homepage	www.pybook.co.kr
ISBN	979-11-303-2174-5 93320

정 가   20,000원